| 저주에서 축복으로 |

JN437119

저주에서 축복으로

How to pass from Curse to Blessing

지 은 이 | 데릭 프린스 / Derek Prince
옮 긴 이 | 조철환
감　 수 | 오진관

초판발행 | 2007. 8. 20
6쇄발행 | 2026. 1. 31

펴 낸 이 | 허 철
펴 낸 곳 | 도서출판 순전한 나드
등록번호 | 제2026-000033
주　 소 | 경기도 부천시 원미구 길주로 347 3층 305호 (중동)
도서문의 | 032)327-6702
홈페이지 | www.purenard.co.kr
디 자 인 | 임상현

ISBN 978-89-91455-85-6 03230

저주에서 축복으로

How to pass from Curse to Blessing

By Derek Prince

데릭 프린스
조철환 옮김

PURE NARD

How to Pass from Curse to Blessing

By Derek Prince

Copyright © 1986 Derek Prince Ministries- International
Originally published in English under the title 'How to Pass from Curse to Blessing'
Published by Derek Prince Ministries-Asia Pacific, PO Box 2029, Christchurch, New Zealand 8140. admin@dpm.co.nz
All rights reserved.

Korean translation Copyright © 2007 by Pure Nard
305-ho, 3f 347 Gilju-ro, Wonmi-gu, Bucheon-si, Gyeonggi-do, Korea
The Korean edition is published by arrangement with Derek Prince Ministries International.
All rights reserved.

Unless otherwise noted, all Scripture quotations are taken from the New King James Version (NKJV), © 1979, 1980, 1982 by Thomas Nelson, Inc., Publishers. Used by permission.
No part of this book may be reproduced or transmitted in any form or by any means, electronic or mechanical, including photocopying, recording, or by any information storage and retrieval system, without permission in writing from the publisher.

본 저작물의 한국어판 저작권은 Chosen Books와의 독점 계약으로 한국어 판권은 '순전한 나드'가 소유합니다. 저작권자의 허락 없이 이 책의 일부 또는 전체를 무단 복제, 전재, 발췌하면 저작권법에 의해 처벌을 받습니다.

저주에서 축복으로

How to pass from Curse to Blessing

내가 오늘날 천지를 불러서 너희에게 증거를 삼노라

내가 생명과 사망과 복과 저주를 네 앞에 두었은즉

너와 네 자손이 살기 위하여 생명을 택하고...

신명기 30장 19절

순전한 나드
PURE NARD

목 차

서 문

전 세계 곳곳에 복음을 전파하며 여행하면서, 초자연적인 현상에 대한 사람들의 반응이 두 가지로 크게 갈라지는 것을 보게 됩니다. 너무나 오랫동안 이성적이고 과학적인 접근 방식의 영향을 받아온 서양에서는 많은 사람들이 오감을 통해 인식할 수 있는 것이 아니면 받아들이기 어려워합니다. 일상생활에 선하거나 악한 영향을 미칠 수 있는 초자연적인 세력이 있다는 것은 사람들에게 익숙하지 않은 개념입니다.

이와 반면에, 비 서양 문화권에서는 대도시든 시골이든 거의 어디를 가나 대다수 사람들이 초자연적인 세력의 존재가 이론이 아님을 알고 있습니다. 그러한 인식이 무지함보다는 낫지만, 그런 사람들은 또 눈에 보이지 않는 이러한 실체를 어떻게 다루어야 할지 몰라 매일 두려움에 싸여 살고 있습니다. 긍정적으로 해석하면 그런 사람들은 악한 세력의 속박으로부터 해방시키는 하나님의 능력을 쉽게 받아들이는 측면이 있습니다.

어떻게 하면 저주에서 벗어나 축복의 길로 들어설 수 있는지 설명하는 메시지가 많은 사람들에게, 어디에 사는 사람이든 어떤 배경을 갖고 있는 사람이든 상관없이 매우 큰 도움이 될 것이라고 믿습니다. 이 메시지가 개인의 삶을 바꾸고, 지역사회와 교회를 변화시키고 심지어 나라 전체를 변하게 만드는 힘이 있음을 저는 목격했습니다.

자신의 삶 속에서 이해할 수 없는 그 무엇을 상대로 힘겹게 싸우고 있는 사람들이 많이 있는 것을 저는 알고 있습니다. 매번 어떤 일에 성공하려고 할 때마다 알 수 없는 세력이 개입해서 그 일을 좌절시키고 맙니다. 완전한 사람이 되어, 완전한 자유를 누리며, 기쁜 마음으로 하나님을 섬기고 싶어도 그것을 가로막는 어떤 실체가 있습니다. 한번도 그 실체가 무엇인지 진단해 보지 못했고, 또 그 실체가 무엇인지 이해하려는 노력을 해보지 않았겠지만, 사람들이 씨름하고 있는 그 대상은 그 사람들의 삶을 덮고 있는 저주라고 저는 믿습니다.

이 책은 성경을 바탕으로 하여, 저주가 어떻게 작용하는지, 어디서 오는지, 어떻게 하면 저주에서 완전히 벗어나 하나님이 예비해 놓으신 큰 축복을 마음껏 누릴 수 있는지 보여 드릴 것입니다.

제 1 부
축복과 저주의 실체

질병과 재정적 어려움 그리고 손상된 인간관계로 인해 끊임없는 고통을 겪고 있습니까? 사고가 당신과 가족에게 자주 일어납니까? 왜 어떤 사람들은 자기 몫 이상의 성공과 성취를 누리는 것일까 하고 생각해 본 적이 있습니까?

모든 삶에는 축복과 저주의 두 가지 세력이 작용하고 있음을 저는 믿습니다. 한가지는 이로운 세력이요, 다른 한가지는 해로운 세력입니다. 하나님의 축복을 누리면서 저주로부터 보호 받으려면, 이 두 가지 세력이 어떻게 작용하는지 이해할 필요가 있습니다.

저주란 암흑시대의 미신이 아닙니다. 실제로 삶에서 저주를 체험한 사람들의 사례를 예로 들겠습니다. 그 사람들은 자신에게 일어난 일이 단순한 우연도 아니고, 자신들이 또 대를 이어 내려오는 유전적 형질의 희생자도 아님을 발견하고는 놀라워했습니다. 저주란 당신의 삶 위에 손을 뻗쳐, 당신이 능력을 충분히 발휘하지 못하도록 방해하는 길고도 사악한 팔이라고 묘사할 수 있습니다. 당신의 일생 중에 어디엔가 저주의 근원이 있을 수도 있고 조상부터 그 뿌리를 두고 있을 수도 있습니다.

1. 나의 생각을 바꾼 하나님

저 자신도 과거에는 축복과 저주의 실체에 대해서 지금처럼 확신을 갖고 있지는 못했습니다. 축복과 저주가 성경에 바탕을 두고 있는 개념이라는 것은 알고 있었지만, 그것이 대단히 중대한 의미를 가지고 있음은 이해하지 못했습니다. 그러다가 몇 년 전에 하나님께서 저의 견해를 바꾸기 위한 사건이 생겼습니다.

제가 미국의 어떤 장로교회에 초대받아 설교를 막 끝낸 순간, 앞줄 왼쪽에 어떤 가족–아버지, 어머니와 십대의 딸–이 앉아 있는 것이 눈에 띄었습니다. 그때 성령께서 제게 이런 말씀을 하시는 것 같았습니다. “저 가족 위에 저주가 있다.” 성령께서 그 말씀을 제게 주시지 않았다면 제가 스스로 그런 생각을 할 이유가 없었으므로 그 아버지에게 다가가서 물어 보았습니다. “실례합니다만, 하나님께서 당신의 가족 위에 저주가 있음을 보여 주셨습니다. 제가 예수님의 이름으로 저주를 걷어내고 당신의 가족을 저주로부터 해방시키기를 원하십니까?" 그 사람은 즉시 "좋습니다"라고 대답했습니다. 저는 그 가족 위에 있는 저주를 파기하는 짧고 간단한 기도를 했습니다. 기도하면서 그 가족 아무에게도 안수하지 않았습니다만, 저주를 깨뜨리는 순간 가족 한사람 한사람 마다 눈에 분명히 보이는 신체적 반응이 있었습니다. 그때 저는 딸이 왼쪽 다리 무릎 위에서부터 발바닥까지 깁스를 하고 있는 것을 알아차렸습니다. 그래서 다시 그 아버지에게 "따님의 다리가 치유되도록 기도해 드릴까요?" 하고 물어 보았더니, 그 사람은 "네, 좋습니다만 우리 딸이 같은 다리를 18개월 사이에 세 번 부러뜨렸는데, 의사가 완치되지 않을 것이라고 진단한 사실을 아셔야 합니다" 라고 대답했습니다.

지금은 누가 그런 얘기를 제게 하면, 저는 그 가족에게 저주가 내려 있구나 하고 당연히 생각했을 것입니다만, 당시에는 똑같은 사고가 연속해서 일어나는 것과 저주 사이에 어떤 연관이 있는지 알지 못했습니다. 저는 간결한 치유 기도를 딸에게 한 다음 그 설교 모임을 마치고 돌아왔습니다. 얼마 후에 저는 그 가족의 어머니로부터 감사 편지를 받았습니다. 자기 딸을 병원에 데리고 가서 새로 엑스레이 촬영을 했더니, 다리가 완전히 치유되었음이 밝혀져 깁스를 풀었다고 했습니다.

그 경험을 두고 묵상을 한 결과, 하나님께서는 그 가족 위에 내려져 있는 저주를 제게 보여주시면서 먼저 그것을 깨뜨리는 기도를 하도록 인도하셨고, 그 다음 순서로 딸의 다리를 위한 치유 기도를 하도록 허락하셨음을 깨닫게 되었습니다.

그 딸의 다리는 저주가 파기되기 전에는 치유될 수 없었다는 것이 제가 내린 결론이었습니다. 다시 말씀드리면 저주는 하나님께서 그 딸이 받기를 원하시는 축복을 가로막는, 눈에 보이지 않는 장애물이었습니다.

그로부터 하나님께서는 축복과 저주에 관한 모든 문제를 제게 가르치시기 시작했습니다. 저는 성경이 축복과 저주를 얼마나 많이 언급하고 있는지 알고 나서는 놀라지 않을 수 없었습니다. 그러나 일반적으로 말하면, 설교에서는 축복과 저주에 관해서 잘 다루지 않으므로 들을 기회가 별로 없습니다.

제 자신의 삶에서 일어난 어떤 사건으로 이 눈에 보이지 않는 세력이 실재함을 더욱 분명하게 알게 되었습니다. 1904년에 제 외조부는 중국에서 일어난 의화단 사건을 진압하기 위해 파견된 영국군 지휘관이었습니다. 임무를 끝낸 외조부는 몇가지 중국 예술품을 가지고 영국으로 돌아오셨는데, 그것은 우리 가족의 세습 재산이 되었습니다. 1970년에 저희 어머니가 돌아가시면서 그중 일부를 제게 유산으로 남겼습니다.

그 가운데서도 가장 흥미로운 것은 네 마리 용을 정교하게 수놓은 자수품으로 우리는 그것을 거실 벽에 걸어 놓았습니다. 주로 주홍색과 자주색을 사용한 그 자수품의 색깔 배합은 전형적인 동양적 분위기를 자아내고 있었습니다. 발마다 다섯 개의 발톱을 가지고 있는 그 용들을 어떤 전문가는 "제왕" 용이라고 제게 가르쳐 주었습니다. 저는 그 즈음에 어떤 세력이 저의 선교사역을 방해하고 있음을 느끼기 시작했지만 그것이 어디로부터 오는 지는 알 수가 없었습니다. 그것은 온갖 종류의 좌절을 불러 일으키며 제게 엄청난 압력을 가해 왔습니다. 가까운 사람들과 의사소통 하는데 어려움이 발생했고, 믿었던 사람들이 저를 실망시켰을 뿐만 아니라 재정적인 어려움까지 겹치는 곤경에 빠지게 되었습니다.

마침내 저는 금식기도에 들어갔고, 얼마 지나지 않아 그 용들에 대한 저의 태도가 변하는 것을 알아차리기 시작했습니다. 용을 바라볼 때면 한가지 의문이 제 마음 속에 자리잡는 것이었습니다. 성경에서 누가 용으로 나타나는가? 그 답은 의심할 여지없이 바로 사탄이었습니다(요한계시록 12장 1절~12절 참조). 그렇다면 사탄을 상징하는 물건을 집에 장식으로 걸어놓는 것은 타당한 일이 아님을 깨달았습니다. 그리하여 결국 하나님께 순종하는 마음으로 저는 그 용들을 치워버렸습니다.

그런 일이 있고 나서 몇 달 안에 저의 재정상태는 극적으로 개선되었습니다. 그 체험을 두고 묵상을 함에 따라 저는 신명기 7장 25절부터 26절까지 기록된 말씀을 새롭게 이해하게 되었습니다. 거기서 모세는 이스라엘 백성들에게 가나안 족속들의 우상숭배 풍습을 절대로 본받지 말도록 경고했습니다.

> 너는 그들의 조각한 신상들을 불사르고 그것에 입힌 은이나 금을 탐내지 말며 취하지 말라 두렵건대 네가 그것으로 인하여 올무에 들까 하노니 이는 네 하나님 여호와의 가증히 여기시는 것임이니라
>
> 너는 가증한 것을 네 집에 들이지 말라 너도 그와 같이 진멸당할 것이 될까 하노라 너는 그것을 극히 꺼리며 심히 미워하라 그것은 진멸당할 것임이니라

저는 중국 사람들이 수천 년간 숭배해온 잡신의 한 형상을 우리 집에 들여놓음으로써 모르는 사이에 나 자신과 가족을 저주에 노출시켰던 것입니다. 축복과 저주에 눈을 뜨게 해주신 성령님께 저는

깊은 감사를 드렸습니다. 저의 개인적인 재정상태가 극적으로 좋아진 것과, 그 소녀의 다리가 치유된 사건을 연결하는 어떤 원리가 눈에 보이기 시작했습니다. 두 가지 사례 모두 저주가 눈에 보이지 않는 장애물이었습니다. 저주를 제거하는 기도와 함께 그 소녀에게는 치유가, 제게는 재정적 풍요로움이 뒤따라 왔습니다.

축복과 저주가 실재함을 생생하게 묘사하는 또 다른 한가지 체험을 나누고자 합니다. 남아프리카 공화국에서 어떤 유태인 여성 미리암을 만났습니다. 미리암은 예수님을 믿고 성령 세례를 받은 여성이었습니다. 교육수준이 높은 미리암은 기도 응답을 받고 어떤 회사 사장의 비서로 취직했는데, 사장과 그 회사 중역들이 모두 한 여자 예언자가 이끄는 이상한 종교를 신봉하는 것을 곧 알게 되었습니다.

어느날 사장이 미리암에게 카세트 한 개를 건네주며 이렇게 말했습니다. "예언자가 우리 회사에 내리는 축복이 녹음되어 있으니 타자로 치시오." 미리암은 타자를 쳐 나가다가 그 "축복"이란 것이 사실은 사교적 내용이 강한 주문이란 사실을 깨달았습니다. 미리암은 자기가 크리스천으로서 그런 내용을 타자치는 일이 거북하다고 사장에게 이야기 했습니다. 사장은 관대한 사람이라 미리암에게 양심에 거슬리는 일을 시킨 점을 사과했습니다.

그러나 그런 일이 있고 나서 즉시 미리암의 양쪽 손가락이 비틀리더니 완전히 뻗뻗해졌습니다. 손가락이 굽혀지지 않아 일을 할 수도 없었고, 통증이 하도 심해 잠을 이룰 수도 없게 되었습니다. 의사는 류마티스성 관절염이란 진단을 내렸습니다.

미리암의 한 크리스천 친구가 소식을 듣고, "저주의 원인과 해방"을 주제로 한 저의 설교 테이프 세개를 갖고 와서 미리암에게 들려 주었습니다. 미리암과 친구가 세번째 테이프에서 제가 사람들에게 저주에서 풀려나는 기도를 인도하는 부분에 이르렀을 때, 카세트가 멈추더니 앞으로도 뒤로도 돌아가지 않고 테이프를 꺼낼 수도 없게 되었습니다.

그때까지 미리암은 저주가 실재한다는 것에 대해서 회의적이었지만, 친구의 권유니까 마지못해 듣고 있었습니다. 다행히도 미리암의 친구는 저주에서 풀려나는 그 기도문이 인쇄된 것을 갖고 있었는데, 결국 미리암은 기도문을 소리내어 읽기로 동의했습니다. 기도문을 끝까지 읽는 순간 미리암의 손가락이 펴지며 통증이 사라지고 말았습니다.

같은 의사가 미리암을 다시 검사해 본 후 관절염이 깨끗이 나았다고 확인해 주었습니다. 미리암이 읽은 그 기도문은 치유 기도가 아니었고, 저주로부터 해방되는 기도였음을 기억하시기 바랍니다.

우리의 문화적 배경이 무엇이든지 상관없이, 축복과 저주가 중세 암흑시대로부터 내려오는 원시적인 미신이 아님을 인식하는 것이 대단히 중요합니다. 하나님은 당신의 백성이 축복과 저주가 실재함을 분명히 이해함으로써 축복을 누리며 승리하는 삶을 살기를 원하십니다.

2. 축복과 저주는 어떻게 작용하는가?

축복과 저주는 우연히, 또는 예측할 수 없는 방식으로 우리의 삶에 영향을 미치는 것이 아니라, 영원 불변의 법칙에 따라 작용합니다. 역사를 좌우하는 세력은 두 가지가 있습니다. 눈에 보이는 세력과 눈에 보이지 않는 세력이 그것입니다. 이 두가지 세력의 상호작용이 역사의 진로를 결정합니다. 우리가 눈에 보이는 자연적인 현상에만 주의를 집중하면, 어떤 일은 왜 그런 방식으로 일어나는지 설명할 수 없는 경우가 있습니다.

많은 사람들이 자연적이고 물질적인 세계에만 익숙한 채로 살고 있으며, 그 너머에는 무엇이 있는지 모르고 있습니다. 그러나 성경은 눈에 보이지 않는 또다른 차원, 물질적인 세계가 아니고 영적인 세계를 열어 보여줍니다.

사도 바울은 고린도후서 4장 18절에서 이 두가지 차원에 대해서 이야기합니다.

> 우리의 돌아보는 것은 보이는 것이 아니요 보이지 않는 것이니 보이는 것은 잠간이요 보이지 않는 것은 영원함이니라

눈에 보이는 사물은 영속하지 않습니다. 영원불변의 진리는 오직 눈에 보이지 않는 영적 세계에서만 찾을 수 있습니다. 우리의 운명이 형성되는 곳은 이 영적 세계입니다.

축복과 저주는 눈에 보이지 않는 영적 차원에 속합니다. 그것은 초자연적이고 영적인 힘을 갖고 있습니다. 축복은 선하고 긍정적인 결과를, 저주는 악하고 부정적인 결과를 낳습니다. 축복과 저주는 성경에서 중요한 주제입니다.

축복과 저주에 공통되는 두 가지 특징이 있습니다. 첫째로, 축복과 저주가 미치는 영향은 개인에게만 미치지 아니하고, 흔히 가족과 씨족과 지역사회 또는 온 나라에 퍼져 나갈 수 있습니다.

둘째로, 축복이나 저주는 그 영향을 취소하는 어떤 일이 발생할 때까지 계속 후손에게 이어질 수 있습니다. 축복과 저주의 이 두 번째 특징은 중요한 의미를 포함하고 있습니다. 축복이나 저주의 영

향을 받고 있는 사람은 그것이 어디서 오는지 분별하기가 쉽지 않습니다. 그 근원이 몇 백년 전까지 거슬러 올라갈 수도 있기 때문입니다.

제가 호주 애들레이드에서 이것을 주제로 설교한 적이 있는데, 어떤 여인이 나중에 편지를 제게 보냈습니다. 그 여인의 조상은 스코틀랜드에 살던, 닉슨이라고 불리는 씨족이었습니다. 16세기에 스코틀랜드와 영국 사이 씨족 전쟁이 끝난후 스코틀랜드 교회 주교가 닉슨 씨족에게 저주를 내린 역사적 증거를 그 여인은 가지고 있었습니다. 그 여인은 4세기가 지난 지금, 자기 가족에게 일어나고 있는 사건의 뿌리가 그 주교가 내린 저주까지 거슬러 올라감을 깨달은 것입니다.

축복과 저주는 초자연적인 힘이 실린 말입니다. 그것은 하나님의 능력이거나 악마의 힘이기도 합니다만, 사람의 삶에 영향을 미치고 운명까지 좌우하면서 대를 이어 내려가기도 합니다.

그러나 저는 저주를 경험하고 있는 분에게 하나님이 거기서 벗어나는 해결책을 마련해 놓으셨다는 것을 분명하게 말씀드리고자 합니다. 아무도 저주의 손길 아래에서 끊임없이 고통당할 필요가 없습니다.

하나님은 축복의 근원

축복은 여러 가지 경로를 통해 우리에게 오지만 모든 축복의 유일하고 궁극적인 근원은 하나님입니다. 성경에서 축복이 내리는 것을 처음 보는 것은 창세기 22장에서 아브라함이 하나님의 말씀에 순종하여 아들 이삭을 바치려고 했을 때입니다.

여호와의 사자가 하늘에서부터
두 번째 아브라함을 불러 가라사대
여호와께서 이르시기를 내가 나를 가리켜
맹세하노니 네가 이같이 행하여
네 아들 네 독자를 아끼지 아니하였은즉
내가 네게 큰복을 주고 네 씨로 크게 성하여
하늘의 별과 같고 바닷가의 모래와 같게 하리니
네 씨가 그 대적의 문을 얻으리라
또 네 씨로 말미암아
천하 만민이 복을 얻으리니 이는
네가 나의 말을 준행하였음이니라 하셨다 하니라

(창세기 22장 15절~18절)

축복이 내린 이유를 주목하는 것이 대단히 중요합니다. 아브라함이 하나님의 말씀에 순종한 것이 하나님의 축복을 받은 근본 이유입니다. 또한 축복이 아브라함의 모든 자손들에게 내리게 될 것임을 주목하시기 바랍니다.

그 뒤에 창세기 27장은 이삭이 나이가 많이 들었을 때 아들 야곱을 어떻게 축복했는지 기록하고 있습니다. 그러나 이상한 일은 야곱을 축복하면서 이삭은 맏아들 에서를 축복하고 있는 것으로 생각했다는 것입니다. 에서는 아버지 이삭이 축복을 내리기 전에 먹고 싶어한 사슴을 사냥하러 나갔습니다. 이삭의 부인 리브가는 자기가 좋아한 아들 야곱을 위하여 그 기회를 이용했습니다.

나이 많아 눈이 어두운 이삭을 속이려고 리브가는 야곱에게 에서의 옷을 입히고, 털이 많은 에서처럼 꾸미기 위해 야곱의 목과 팔에 염소 가죽까지 둘렀습니다. 리브가는 염소 새끼 고기를 가지고 이삭이 좋아하는 별미를 만들었습니다. 야곱은 에서인 것처럼 가장해서 리브가가 만든 별미를 가지고 아버지 이삭에게 나아갔습니다. 이삭이 야곱에게 "네가 참 내 아들 에서냐?" 라고 물었을 때 야곱은 "그러하니이다" 하고 거짓말을 했습니다. 이삭은 야곱이 이삭인줄로 믿고 리브가가 준비한 별미를 먹고 야곱에게 축복을 내렸습니다.

내 아들의 향취는 여호와의
복 주신 밭의 향취로다 하나님은
하늘의 이슬과 땅의 기름짐이며
풍성한 곡식과 포도주로 네게 주시기를
원하노라 만민이 너를 섬기고
열국이 네게 굴복하리니
네가 형제들의 주가 되고
네 어미의 아들들이 네게 굴복하며
네게 저주하는 자는 저주를 받고
네게 축복하는 자는 복을 받기를 원하노라

(창세기 27장 27절~29절)

이삭이 야곱에게 내린 축복의 범위가 엄청나게 광대한 것과 그 축복이 세대를 이어 내려감을 이해하시기 바랍니다.

야곱이 이삭의 축복을 받고 나간 후 곧 에서가 사냥한 사슴 고기로 별미를 만들어 아버지에게 바치자, 이삭은 자기가 속아서 에서 대신에 야곱을 축복한 것을 깨닫습니다. 이삭의 반응을 주목하시기 바랍니다.

이삭이 심히 크게 떨며 가로되

그런즉 사냥한 고기를 내게 가져온 자가 누구냐

너 오기 전에 내가 다 먹고 그를 위하여 축복하였은즉

그가 정녕 복을 받을 것이니라

(창세기 27장 33절)

이삭은 자기가 에서를 축복하는 것으로 생각하며 야곱을 축복한 그 말이 자신으로부터 나온 말이 아님을 알고 있었습니다. 그것은 예언적인 축복이었으므로 취소할 수가 없었습니다. 그래서 야곱은 축복을 받고 에서는 축복을 받지 못했습니다.

축복의 초자연적 특성을 이해하시기 바랍니다. 그것은 단순히 소망이나 호의적인 감정이 아니라 사람의 운명을 좌우하는 초자연적인 힘을 갖고 있습니다. 축복과 저주 모두 그러한 초자연적 힘을 갖고 있습니다.

신명기 28장 전체가 축복과 저주의 다양한 형태를 보여줍니다. 1절부터 14절까지는 축복을, 나머지 54절은 저주를 다루고 있습니다. 1절과 2절에서 모세는 우선 축복의 원인을 말합니다. "네가 네 하나님 여호와의 말씀을 삼가 듣고 내가 오늘날 네게 명하는 그 모든 명령을 지켜 행하면... 네가 네 하나님 여호와의 말씀을 순종하면 이 모든 복이 네게 임하며 네게 미치리니."

신약의 요한복음 10장 27절에서 예수님은 "자기 양" 곧 당신의 진정한 제자로 인정하는 사람을 이와 비슷하게 묘사합니다. "내 양은 내 음성을 들으며... 저희는 나를 따르니라." 근본 요건은 여전히 마찬가지로 주님의 음성을 듣고 순종하며 따르는 것입니다.

저주의 원인은 축복의 원인과 정반대입니다. 저주는 하나님의 말씀을 듣지 않고 하나님이 명하는 것을 행하지 아니하면 미치게 됩니다. 하나님의 말씀을 듣지 않고 순종하지 않는 것을 한마디로 요약하면 거역입니다 – 사람에 대한 거역이 아니라 하나님에 대한 거역입니다.

저는 신명기 28장에 등장하는 순서대로 축복과 저주의 리스트를 따로 요약해 보았습니다. 제가 만든 축복 리스트는 다음과 같습니다.

- 높은 지위와 명예(Exaltation)
- 물질적인 풍요(Prosperity)
- 건강(Health)
- 승리(Victory)
- 번성(Reproductiveness)
- 하나님의 총애(God's Favor)

모세는 저주에 관해 축복보다 훨씬 상세하게 설명합니다. 본질적으로 저주는 축복의 반대입니다. 제가 요약한 저주 리스트는 다음과 같습니다.

- 굴욕(Humiliation)
- 불임, 불모(Barrenness, unfruitfulness)
- 정신적, 신체적 질환(Mental and physical sickness)
- 가정의 붕괴(Family breakdown)
- 가난(Poverty)
- 패배(Defeat, failure)
- 압제(Oppression)
- 하나님의 냉대(God' s disfavor)

신명기 28장 13절에서 모세는 한가지 생생한 표현으로 축복 리스트를 매듭짓습니다. 그 표현이 자신의 삶에 어떻게 적용되는지 각자 살펴보는 것이 현명한 태도라고 하겠습니다.

모세는 이렇게 말합니다. "여호와께서 너로 머리가 되고 꼬리가 되지 않게 하시며..." 저는 하나님께 이 말씀이 제 삶에 어떻게 적용되는지 가르쳐 달라고 기도한 적이 있습니다. 하나님께서는 이렇게 응답하셨습니다. "머리는 결정을 내리고, 꼬리는 그냥 끌려다니느니라."

여러분은 지금 머리처럼 모든 상황을 통제하고, 적절한 결정을 내리며 그 결정이 성공적으로 수행되는 것을 보는 사람인가요? 아니면 꼬리가 되어 자신이 이해할 수 없고 통제할 수 없는 세력과 상황에 무작정 끌려다니고 있습니까?

제 2 부
저주의 근원

솔로몬은 잠언 26장 2절에서 모든 저주에는 항상 원인이 있다고 분명히 말하고 있습니다.

> 까닭없는 저주는 참새의 떠도는 것과 제비의 날아가는 것 같이 이르지 아니하느리라

이 원칙은 양쪽으로 적용할 수 있습니다. 한편으로는, 원인이 없으면 저주는 효력을 발휘할 수 없습니다. 다른 한편으로는, 그 반대로 저주가 미치고 있는 곳에는 반드시 원인이 있습니다. 저주의 원인을 찾아내고, 그것이 어디서부터 유래하는지 알아차리려면 성령이 주시는 분별력이 필요합니다. 여러분이 안고 있는 문제의 원인

을 찾아내면 그 문제를 훨씬 효과적으로 다룰 수 있게 됩니다.

제 2부는 우리의 삶에 흔히 고통을 안겨주는 주요한 저주의 원인을 보여드립니다. 제 2부를 읽고 나면, 3부에서 설명하는 저주로부터 해방시키는 하나님의 처방을 더 잘 이해하고 적용할 수 있게 될 것입니다.

3. 저주의 근원

많은 사람들이 하나님의 성격을 불완전하게 이해하고 있습니다. 구약은 분노와 심판을 내리시는 하나님을, 신약은 사랑과 자비를 베푸시는 하나님을 보여주는 것으로 사람들은 생각합니다.

그러나 구약성경과 신약성경은 서로 모순되지 않고 일관되며, 하나님을 정확하게 이해하려면 둘다 필요합니다. 로마서 11장 22절에서 사도 바울은 하나님의 두가지 측면을 나란히 묘사하고 있습니다. "그러므로 하나님의 인자와 엄위를 보라." 하나님의 축복은 하나님의 인자에서, 하나님의 심판은 하나님의 엄위에서 비롯되며 둘다 동등하게 실재합니다.

하나님은 개인 또는 나라 전체에 저주를 내리신 일이 많습니다. 그 목적은, 하나님의 말씀을 거역하면 어떤 무서운 일이 일어나는지 경고하기 위한 것입니다. 하나님은 준엄한 심판 방식 가운데 한 가지로 저주를 내리시지만, 언제나 사람들이 회개하고 당신에게로 돌아오기를 희망하십니다.

하나님이 아브라함을 부르시는 창세기 12장에서 저주의 근원인 하나님을 보게 됩니다. 그 부르심에는 일곱 단계가 있었으며, 그중 여섯 단계는 하나님의 축복의 약속이고, 나머지 하나는 엄숙한 경고입니다.

1) 내가 너로 큰 민족을 이루고

2) 네게 복을 주어

3) 네 이름을 창대케 하리니

4) 너는 복의 근원이 될지라

5) 너를 축복하는 자에게는 내가 복을 내리고

6) 너를 저주하는 자에게는 내가 저주하리니

7) 땅의 모든 족속이 너를 인하여 복을 얻을 것이니라

(창세기 12장 1절~3절)

반유대주의

하나님이 아브람을 저주하는 모든 사람에게 저주를 내리겠다고

하는 여섯 번째 부분을 주목하기 바랍니다. 그것은 아브람과 그 자손들 모두에게 해당하는 말씀입니다. 하나님이 어떤 사람을 불러 특별한 임무를 맡기실 때 그 사람은 사탄의 공격 대상이 되므로 하나님은 그 사람을 보호하는 말씀을 붙입니다.

나중에 창세기 27장 29절에서 이삭이 아들 야곱을 축복할 때도 이삭은 야곱을 보호하는 말을 붙입니다. "네게 저주하는 자는 저주를 받고." 그러므로 하나님이 원래 아브라함에게 선언한 축복과 저주는 아브라함의 자손들에게까지 확대된 것입니다. 하나님이 아브라함에게 말씀하신 것은 모든 유태인과 이스라엘 국가 전체까지 해당된다는 사실을 이해해야 합니다.

하나님은 사탄이 아브라함과 그 자손을 저주하거나 박해하는 것을 불가능하도록 만들지는 않았으나, 그럴 경우 무서운 결과가 뒤따르도록 조치해 놓았음을 주시하기 바랍니다. 반유대주의의 비극적 역사는 이 점을 여실히 증언하고 있습니다. 반유대주의는 하나님의 저주를 부릅니다.

불행하게도 지난 몇세기에 걸쳐 기독교는 반유대주의를 퍼뜨리는 부끄러운 죄를 자주 범했습니다. 사실 기독교는 모든 영적인 축복을 교회가 박해해온 유태인들에게 빚지고 있습니다. 유태인이 없었다면, 기독교는 사도도 없고, 성경도 없고, 구세주도 없었을 것입니다.

여러분이나 여러분의 조상이 유태인의 적이었을지도 모릅니다. 여러분은 유태인을 비판하거나 저주했을지도 모릅니다. 그런 행위는 여러분의 삶에 저주를 부릅니다. 하지만 기쁜 소식은 여러분이 그러한 저주에서 풀려날 수 있다는 것입니다.

불순종

신명기 27장 11절에서 26절에 하나님은 이스라엘 백성이 요단을 건너 약속한 땅으로 들어간 후 하나님의 말씀을 순종하지 않으면 받게 될 열두가지 저주를 이스라엘 백성에게 선포하도록 명하십니다. 이스라엘 백성은 하나님께 순종할 경우 받게 될 축복과 불순종할 경우 받게 될 저주에 노출되지 않고서는 하나님이 약속한 땅으로 들어갈 수 없었습니다. 축복과 저주 사이에 중간 지대는 없었고, 다른 선택의 여지가 없었습니다.

그 열두가지 저주를 부르는 죄는 다음과 같은 네가지로 요약될 수 있습니다.

- 우상과 잡신 숭배
- 부모를 공경하지 않는 죄

- 불법적이거나 비자연적인 성관계
- 약한 사람에 대한 불의

우상과 잡신 숭배

출애굽기 20장3절부터 5절에서 하나님은 십계명의 첫계명을 말씀하셨습니다. "너는 나 외에는 다른 신들을 네게 있게 말지니라. 너를 위하여 새긴 우상을 만들지 말고 또 위로 하늘에 있는 것이나 아래로 땅에 있는 것이나 땅 아래 물속에 있는 것의 아무 형상이든지 만들지 말며 그것들에게 절하지 말며 그것들을 섬기지 말라..." 우상과 잡신 숭배는 하나님에 대한 직접적인 불순종입니다. 천지만물을 창조하심으로써 처음으로 자신을 드러내시고 성경을 통해 우리에게 말씀하시는 참된 하나님은 거룩하시고 외경스러우며, 영광스럽고 전능하신 분입니다. 사람이나 짐승 같은 피조물의 형상으로 하나님을 상징하는 것은 고의적으로 그분을 모욕하는 행위입니다. 그런 행위가 하나님의 분노를 유발하는 것은 당연하다고 하겠습니다.

장색의 손으로 조각하였거나 부어만든 우상은

여호와께 가증하니 그것을 만들어

은밀히 세우는 자는 저주를 받을 것이라 할 것이요

(신명기 27장 15절)

그리고 겉으로는 우상숭배 또는 전혀 종교적인 행위처럼 보이지 않으면서도 하나님을 거스리는 것이 있습니다. 그 본성이 기만적인 용어로 위장되어 있기 때문에 이것은 사교(occult. 라틴어로 '숨겨진', 또는 '가려진' 이라는 의미의 말에서 유래함)라고 지칭됩니다. 이 사교 행위는 인간 본성에서 가장 강력한 두가지 갈망, 곧 지식에 대한 갈망과 힘에 대한 갈망에 기인합니다. 사람은 어느 정도까지는 자연적인 원천과 수단으로부터 이러한 갈망을 충족시킬 수 있습니다. 자연적인 방법으로 얻는 것에서 완전히 만족하지 못할 때 사람은 초자연적인 근원을 향해 눈을 돌리게 되고, 이때 사교의 덫에 쉽사리 걸리게 되는 것입니다.

그 이유는 초자연적인 지식과 힘의 원천이 전 우주에 하나님 아니면 사탄 밖에 없기 때문입니다. 하나님으로부터 유래하는 초자연적 지식과 힘은 정당한 것이요, 사탄으로부터 유래하는 지식과 힘은 부당한 것입니다. 이 부당한 지식에 대한 갈망이 에덴 동산에서 사람으로 하여금 선악을 알게 하는 나무의 실과를 따먹음으로써 하나님의 말씀을 최초로 어기도록 부추긴 것입니다. 선악과를 따먹음으로써 사람은 눈에 보이지 않는 경계선을 넘어 사탄의 영토로 들어갔고, 그 이후 사람은 늘 사탄의 기만에 속아왔습니다.

그러한 부당한 밀교 행위가 취하는 속임수의 형태는 사실상 무한합니다. 그것은 큰 세가지 부류인데, 곧 사술(witchcraft), 점술(divination), 복술(sorcery)로 분류할 수 있습니다.

사술은 사교의 한 부류로 초자연적인 능력의 세계입니다. 사무엘상 15장 23절은 사술의 뿌리가 무엇인지 보여줍니다. "이는 거역하는 것은 사술의 죄와 같고." 사술은 하나님에 대한 인간의 거역을 표현하는 것입니다. 사람이 하나님의 법을 따르지 않고 자신의 목적을 달성하기 위해 시도하는 것이 사술입니다. 사술의 추진력은 사람과 상황을 조종하려는 욕망입니다. 그러한 목적을 달성하기 위해 사술은 심리적 압박이나 심령기술을 사용하기도 하고, 사람을 조종하고, 위협하고, 지배하기 위해 두가지를 같이 활용하기도 합니다.

점술은 사교의 한 부류로 초자연적인 지식의 세계입니다. 자연적인 방법으로는 얻을 수 없는 지식의 다양한 형태를 제공하는 것이 점술입니다. 점술의 가장 흔한 형태인 점은 미래에 대한 초자연적인 지식을 제공합니다. 점술은 또 초자연적 근원을 주장하는 모든 거짓된 형태의 종교적 계시를 포함합니다.

복술은 어떤 물체를 이용하거나, 신체 감각에 영향을 미치는 약이나 음악을 이용합니다. 요한계시록 9장 21절에 기록된 복술은 약(drugs)을 뜻하는 그리스어에서 직접 유래된 말입니다. 수없이 다른 물체가 복술에 이용됩니다. 종교적 기물, 이교적 장식품, 부적, 점괘판 등이 그 몇가지 흔한 예입니다. 책도 사교가 힘을 행사하는 경로가 된다는 사실을 인식하는 것이 중요합니다. 사도행전 19장 18절과 19절을 보면 에베소에 살던 기독교인들은 복술을 기록한 두루마리 책이 자신들을 속박하는 묶는 사슬이 됨을 깨닫고, 그 값어치가 상당히 나감에도 불구하고 모아서 불사릅니다. 사교에 이용되는 그런 물체를 다루는 유일한 방법은 완전히 파괴하는 것입니다.

사교 행위로 죄를 범하는 사람들은 하나님이 인간에게 하나님 외의 다른 근원으로부터 구하지 못하도록 금지한 초자연적인 지식과 힘을 사탄으로부터 찾고 있는 것입니다. 사실상 그런 사람들은 유일하고도 진정한 하나님 외에 사탄을 하나의 신으로 인정함으로써 십계명의 첫 계명을 어기고 있습니다.

그렇게 함으로써 그 사람들은 하나님의 계명을 어기는 모든 사람들에게 하나님이 내리겠다고 말씀하신 저주 – 사대까지 미칠 수 있는 저주 – 에 자신을 노출시키는 것입니다. 모든 이스라엘 백성들은 만약 우상숭배나 잡신숭배, 또는 온갖 형태의 사교 행위에 빠져

들 경우 자신들에게 저주가 내릴 것이라는 선포를 받았습니다. 우상과 잡신 숭배는 사람들의 삶에 영향을 미치는 저주의 주된 원인입니다. 그런 행위에 관련된 사람들을 향해 하나님은 이렇게 말씀하십니다. “나는 저주를 삼대 후손까지 내리겠노라. 저주가 너 뿐만 아니라 삼대 후손까지 미칠 것이니라.”

여러분은 지금 여러분의 부모, 조부모, 또는 고조부모나 다른 조상들이 일으킨 어떤 문제와 씨름하고 있을지도 모릅니다. 그런 문제에 효과적으로 대처하려면 문제를 정확하게 분석해서 그 정체를 파악하는 것이 중요합니다.

하나님은 고맙게도 조상으로부터 내려오는 모든 저주에서 풀려나는 방법을 마련해 놓으셨습니다. 우리를 위해서 하나님은 그런 길을 만들어 놓으신 것입니다. 최후의 심판날에 하나님은 조상이 우리에게 저주를 부른 책임을 우리에게 묻지 않을 것이지만, 만약 그런 저주로부터 풀려나도록 마련해 놓으신 길을 우리가 받아들이지 않고 거부한다면 분명히 우리에게 유죄 판결을 내리실 것입니다.

부모를 공경하지 않는 죄

우리는 이 단계에서 대단히 주의해야 합니다. 우리가 안고 있는 어떤 문제는 다른 사람의 행위가 그 원천일 수도 있지만, 우리 스스로 책임져야 할 일을 두고 다른 사람을 탓하지 않도록 조심해야 합니다.

특히 우리가 부모와의 관계를 고찰할 때 특별한 주의가 요구됩니다. 오늘날 기독교인을 포함해서 수많은 사람들이 부모를 공경하지 않는 것이 하나님의 저주를 부른다는 사실을 모르고 있습니다. 부모를 대하는 태도가 올바르지 않은 많은 사람들은 대부분 삶에 문제를 안고 있습니다. 완벽한 부모는 없지만, 그렇다고 해서 부모로서 공경받을 자격이 없다는 뜻은 아닙니다. 축복이 따르는 첫 계명이 긍정적으로 표현되어 있음을 기억하기 바랍니다. "네 부모를 공경하라 그리하면 너의 하나님 나 여호와가 네게 준 땅에서 네 생명이 길지라."

저는 목회 기간 동안 부모를 공경하지 않는 사람이 행복한 삶을 누리는 것을 본 적이 없었습니다. 단 한 사람도. 부모를 공경하지 않으면 자동적으로 저주에 노출됩니다. 부모 말씀에 항상 동의하고 부모가 시키는 것은 무엇이든지 행하라는 뜻이 아닙니다. 그것은 부모가 살아가는 방식에 달려 있기 때문입니다. 그러나 부모가 어떤 사람이든 상관없이 우리는 부모를 공경해야 합니다. 부모에 대한 태도를 올바로 고친 후에 삶이 달라진 사람을 수없이 보았습니다.

부모에 대한 태도를 고치지 않음으로써 삶에 축복을 받지 못한 사람들도 있습니다. 저의 친척 중 마흔살에 암으로 죽은 사람이 있습니다. 그 사람은 구원받고 성령세례를 받아 하나님을 섬겼습니다만, 자기 어머니와의 관계를 바로 잡지 못했기 때문에 결코 하나님의 축복을 누리지 못했습니다. 그 사람의 어머니는 심령술사로 온갖 문제를 갖고 있었습니다. 그 사람이 어머니와의 관계를 회복했더라면 자신은 어머니가 부른 그런 문제로부터 벗어날 수 있었을 것입니다. 저는 지금 이론을 가르치고 있는 것이 아니라, 경험을 통해 터득한 것을 말씀드리고 있습니다.

불법적이거나 비자연적인 성관계

모든 비자연적인 성관계는 저주를 부릅니다. 이것은 동성연애와 수간을 포함합니다. 근친상간도 저주를 부릅니다. 슬프게도 오늘날 아버지로부터 성적으로 희생당하는 아이들이 수없이 많습니다.

약한 사람들에 대한 불의

미국 정부는 미국의 여러 인디안 부족들과 맺은 협정을 자주 어겼기 때문에 인디언들이 백악관에 저주를 걸었습니다. 1860년부터 1980년까지 스무번째 해에 선출된 대통령마다 모두 재임중에 사망한 원인이 그것입니다. 또 다른 한가지 원인은, 1860년에 미국 대통령으로 선출된 아브라함 링컨이 자기 부인으로 하여금 백악관에서 심령술 의식을 행하도록 허용한 것입니다. 링컨 대통령 부인은 나중에 정신병원에서 사망했습니다. 그런 행위에 관련되는 것은 개인뿐만 아니라 나라 전체에 영향을 미친다는 사실을 알 수 있습니다.

레이건 대통령도 재임 중에 사망했을 수도 있었습니다. 아시다시피 레이건대통령 집권 초기에 저격 사건이 있었습니다. 그러나 레이건 대통령이 대통령 선서를 하기 직전에 저를 포함한 많은 기독교인들이 함께 모여, 레이건과 미국 대통령직을 그 저주에서 해방시키는 기도를 했습니다. 총알이 레이건 대통령의 심장에서 1인치 벗어난 곳에 박혔으니 그 저주는 거의 실현될뻔 했습니다. 저는 그것이 그 저주를 푸는 저희 기도에 대한 하나님의 응답이라고 믿습니다. 이것은 추상적인 이론이 아닙니다. 약한 사람들에 대한 불의는 어디서나 사람과 국가의 운명에 부정적인 영향을 미칩니다.

자기를 의지하는 사람

예레미야 17장 5절과 6절에는 완전히 다른 종류의 저주가 나옵니다.

나 여호와가 이같이 말하노라

무릇 사람을 믿으며 혈육으로 그 권력을 삼고

마음이 여호와에게서 떠난 그 사람은 저주를 받을 것이라 그는 사막의 떨기나무 같아서 좋은 일의 오는 것을 보지 못하고 광야 간조한 곳, 건건한 땅, 사람이 거하지 않는 땅에 거하리라

저주 아래에 사는 사람의 특색은 바로 이와 같습니다. 다른 모든 사람은 비(축복, 번영)를 흠뻑 받고 있는데, 저주 받은 사람은 메마른 땅에 살며 전혀 축복을 경험하지 못합니다. 왜 그럴까요? 저주 때문입니다. 인간의 능력과 물질에 의존하고 그 마음이 하나님에게서 떠난 사람은 저주를 받습니다. 악한 일을 행하고자 하는 동기는 없다고 해도 하나님으로부터 독립하겠다는 의지를 가진 사람들이 있습니다. 그런 사람들은 하나님의 초자연적인 은혜에 의존하지 않고 스스로 의로운 행위를 실천하려고 노력합니다.

저는 수많은 기독교회가 이 저주 아래에 놓여 있다고 믿습니다. 그 교회들은 하나님의 은총을 경험한 후 하나님을 떠나 자신들의 노력과 지능과 종교의식을 신뢰하기 시작했기 때문입니다. 마치 갈라디아 교회처럼 '성령 안에서 시작' 했으나 육신을 좇아 행하게 되고만 것입니다. 하나님의 축복이 떠나고 저주가 그들 위에 내렸습니다. 저주 아래에 놓인 것이 분명한 많은 교회에서 저

는 설교한 적이 있습니다. 그러나 누가 아무리 설교하고 애쓰며 노력하더라도 그 저주를 먼저 다루기 전에는 별다른 결실을 맺지 못하게 됩니다.

도둑질과 위증

구약성경의 마지막 세 예언자인 학개, 스가랴, 말라기는 이스라엘 백성이 하나님이 내리는 저주를 경험하는 다양한 영역을 다룹니다. 스가랴 5장 1절에서 4절에 스가랴가 양면에 저주가 기록된 두루마리를 봅니다. 한쪽 면에는 도둑질하는 사람에 대한 저주가, 다른 쪽 면에는 거짓 증언하고 하나님의 이름으로 망령되이 맹세하는 사람에 대한 저주가 기록되어 있습니다.

이 저주가 그런 사람의 집에 들어가 그 집을 파괴하는 장면이 생생하게 뒤를 따릅니다. 성경에서 히브리어로 '집'은 집의 구조뿐만 아니라 그 안에 사는 사람들까지 지칭합니다. 오늘날 수많은 가정이 붕괴되는 현상은 궁극적으로 그런 저주로 말미암은 것입니다.

회개하고 보상하지 않으면 이 저주는 국가와 문명까지 멸망시킬 수 있습니다. 도둑질하고 거짓 증언한 모든 사람을 헤아린다면 오늘날 수없이 많은 사람이 이 저주 아래에 놓여 있을 것으로 생각됩니다. 나라마다 세금을 정직하게 납부하지 않는 사람이 얼마나 많습니까? 탈세하는 사람 중에 얼마나 많은 사람이 교회에 다니고 있을까요?

학개 1장 4절부터 6절은 많이 뿌릴지라도 수입이 적으며 삯을 받아도 그것을 구멍 뚫어진 전대에 넣는 사람을 말씀하고 있습니다. 하나님의 전을 짓기 전에 자기들의 이기적인 욕구를 충족시키기에 급급하여 이스라엘 백성의 풍요로움을 좀먹는 눈에 보이지 않는 세력이 불러들인 저주라는 것을 보여주기 위해 하나님은 예언자를 보내야 했습니다.

4. 권위를 행사하는 사람이 내리는 저주

지금까지 살펴 보았듯이 축복과 저주는 우리 각자의 삶에 영향을 미치는 광대하고 눈에 보이지 않는 영적 세계의 일부입니다. 이 영적 세계의 한가지 결정적인 변수는 권위입니다. 권위의 원리를 이해하지 못하면 영적 세계에서 효과적으로 기능하는 것이 불가능합니다.

하나님을 대표하는 사람들

우주를 통틀어 권위의 궁극적인 원천은 오직 천지를 창조하신 하나님 밖에 없습니다. 그러나 하나님은 보통 당신의 권위를 직접 행사하지 않고 그분이 선택한 사람에게 위임합니다. 그런 사람이 하나님을 대신해서 행사하는 권위는 축복과 저주를 내리는 능력을 포함합니다.

20세기에 전세계적으로 권위에 대한 반란이 일어나는 것을 보아 왔지만 권위의 원리는 여전히 중력의 원리처럼 확실하게 작용하고 있습니다.

하나님을 대표한 몇 사람의 예가 이 원리를 입증해 줄 것입니다. 여호수아 6장 26절에 이스라엘 백성들이 기적적으로 여리고 성을 정복했을 때 여호수아는 누구든지 그 여리고 성을 다시 건축하는 자에게 저주를 내렸습니다. 그때가 기원전 1300년이었습니다. 열왕기상 16장 34절을 읽어보면 그로부터 약 500년 뒤에 벧엘 사람 히엘이 여리고 성을 다시 건축하다 두 아들을 잃었습니다. 무슨 병에 걸렸는지도 모르면서 히엘의 두 아들은 그냥 죽고 맙니다. 그것은 바로 여호수아가 내린 저주로 말미암은 것이었습니다. 여러분도 어쩌면 수백년 전에 발생한 어떤 일로 말미암은 저주와 지금 씨름하고 있는지도 모릅니다.

또 다른 예는 사울과 요나단이 죽은 후 다윗이 슬퍼하며 부른 노래가 기록된 사무엘하 1장 21절에서 찾을 수 있습니다. 다윗은 어떤 사람들에게는 무서운 저주를 내리는 사람이었습니다. 그러나 이것도 하나님의 사람이 하는 일의 일부입니다.

다윗이 사울과 요나단의 죽음을 슬퍼하며 부른 노래는 다음과 같습니다.

길보아산들아 너희 위에 우로가 내리지 아니하며
제물낼 밭도 없을지어다
거기서 두 용사의 방패가 버린바 됨이라
곧 사울의 방패가 기름부음을 받지 않음같이 됨이로다

다윗의 입에서 3000년전에 이 말이 나왔지만 지금도 길보아산에 가보면 거기에는 푸른 식물이 자라지 않습니다. 이스라엘 정부가 부지런히 식목사업을 해도 길보아 산에는 아무 것도 자라지 않습니다! 그 이유는 다윗이 3000년전에 한 말 때문입니다.

예언자 엘리사의 사환 게하시를 기억하십니까? 게하시는 엘리사를 거역하고 방금 문둥병에서 기적적으로 나은 나아만의 뒤를 쫓아가서 나아만으로부터 돈과 옷을 얻어 감춥니다. 게하시가 돌아왔을 때 엘리사는 이릅니다. "그 사람이 수레에서 내려 너를 맞을 때에 내 심령이 감각되지 아니 하였느냐?...... 그러므로 나아만의 문둥병이 네게 들어 네 자손에게 미쳐 영원토록 이르리라." 게하시가 그 앞에서 물러나오매 문둥병이 발하여 눈같이 되었더라고 열왕기하 5장 27절에는 기록되어 있습니다. 무엇 때문에 이런 일이 일어났을까요? 하나님의 사람이 내린 저주 때문입니다.

가족 관계에서 권위를 갖는 사람

이것은 저주의 또다른 중요한 근원입니다. 하나님은 인간사회에 질서를 부여하시어 어떤 상황에서 한 사람이 다른 사람에게 권위를 갖도록 만드셨습니다.

가장 명백한 본보기는 아버지로, 하나님의 말씀에 따르면 아버지는 자기 가족들에게 권위를 가집니다. 사람들이 이 질서를 좋아하거나 싫어하거나 상관없이 아버지는 자기 가족들에게 권위를 가지고 있습니다. 만약 아버지가 그 권위를 행사하지 않으면 그것은 그 사람의 문제입니다.

권위를 갖는 또다른 사람은 아내에 대해 권위를 갖는 남편입니다. 남편과 아내는 매우 가까운 사이입니다. 성경은 하나님은 그리스도의 머리요, 그리스도는 남편의 머리이며, 남편은 아내의 머리라고 말합니다. 여권 신장론자들이 이에 대해 무엇이라고 말하든 이것이 진리라는 사실은 변하지 않습니다. 그것을 부인한다고해서 진실이 바뀌는 것은 아닙니다.

야곱과 그 가족의 사례를 보십시오. 야곱은 외삼촌 라반을 14년 이상 섬겼습니다. 야곱에게는 두 명의 아내와 두 명의 첩, 그리고 열한 명의 자식이 있었습니다. 그 후 야곱은 하나님이 약속하신 땅으로 돌아가기로 결심했습니다. 야곱은 라반이 자기 아내들을 도로 빼앗아갈까봐 두려워 라반 몰래 떠났습니다. 야곱의 두 아내는 원래 라반의 딸이었기 때문입니다.

그들이 도망갈 때 야곱의 둘째 아내인 라헬은 자기 아버지가 집에 두고 섬기는 신상을 훔쳐 갔습니다. 라반이 집에 신상을 모시고 있는 것도 그릇된 일이었거니와 라헬이 신상을 훔쳐서도 안될 일이었습니다. 라반이 이를 알고 매우 화가 나서 쫓아가 야곱에게 자기 신을 도적질한 것을 비난했습니다.

야곱은 라헬이 한 일을 모르고 있었으므로 도적질했다는 비난을 받자 분개했습니다. 창세기 31장 32절에 야곱은 이렇게 말했습니다. "외삼촌의 신을 누구에게서 찾든지 그는 살지 못할 것입니다." 이것은 야곱이 무심코 자기 아내에게 내린 저주가 되고 말았습니다.

슬프게도 이것은 빈말이 아니라 야곱이 남편으로서 갖는 권위가 담긴 말이되었습니다. 야곱은 실제로 자기 아내의 운명을 결정짓는 말을 한 것이었습니다. 그후 라헬은 아기를 출산하다가 죽게 되므로 이 문제를 심각하게 생각하지 않을 수 없습니다.

아버지도 이와 비슷한 영향을 미치는 역할을 수행합니다. 하나님의 축복 다음으로 인생에서 가장 바람직한 것은 아버지의 축복입니다. 그리고 가장 두려워해야 할 일 가운데 한가지가 아버지의 저주입니다. 수많은 아버지가 자기도 모르는 사이에 자식들에게 저주를 내립니다. 저는 아버지가 내린 저주에 걸려 있는 사람을 수없이 풀어낸 경험이 있기 때문에 이것을 알고 있습니다.

어떤 아버지에게 세 아이가 있습니다. 첫째와 셋째 아이는 영리하지만 둘째는 그렇게 똑똑하지 못합니다. 그래서 아버지는 그 아이를 별로 좋아하지 않습니다(저는 부모가 좋아하지 않는 아이가 있을 경우 대개 자기를 닮은 아이를 좋아하지 않는다는 사실을 알게 되었습니다. 부모들은 자기 안에 두려워하는 그 무엇을 좋아하지 않습니다). 그 아버지는 아이에게 이렇게 말할지도 모릅니다. "너는 결코 성공하지 못해. 네 형과 동생은 유능한데 너는 인생에서 실패하고 말거야."

그것이 무엇인지 아십니까? 저주입니다. 물론 어머니도 아버지와 마찬가지로 자식에게 해로운 말을 할 수가 있습니다. 이처럼 부모가 자식에게 내뱉은 저주 때문에 평생 고통스럽게 살아가는 사람이 수없이 많습니다.

가족이 아닌 사람이 갖는 권위

교사는 학생들에게 권위를 행사하기 때문에 학생들에게 저주를 내리는 사람이 될 수 있습니다. 학생과 사이가 좋지 않은 어떤 교사가 이런 말을 할지도 모릅니다. "너는 도대체 알아듣지 못하니 머리가 나쁜가봐. 너는 성공하지 못할거야." 저는 교사가 말한 저주로부터 해방되어야 할 사람을 도운 적이 있습니다.

목회자는 신자들에게 영적 권위를 갖기 때문에 신자들의 삶에 긍정적이거나 부정적인 말을 할 힘을 갖는 사람입니다. 어떤 신자가 목회자와 충돌한 능력을 갖고 있는 일이 있은 후 교회를 떠났다고 가정합시다. 그 목회자는 이렇게 말할지도 모릅니다. "당신이 어디를 가든, 당신이 이 교회와 관계를 회복하기 전에는 결코 성공하지 못할거요."

다시 말씀드리지만 이것은 저주입니다. 종교 단체가 흔히 이런 무서운 잘못을 범합니다. 여러분이 어떤 종교 단체를 떠나면 그 사람들은 자동적으로 여러분에게 저주를 내립니다. 이것은 무시해도 좋을 일이 아니라 아주 심각한 문제입니다.

사탄의 노예

기독교인들이 사탄에 대한 태도는 양 극단을 보입니다. 어떤 기독교인은 사탄을 완전히 무시하며 사탄이 실재하지 않는 것처럼 행동합니다. 다른 기독교인은 사탄을 두려워하며 사탄에게 지나친 주의를 기울입니다.

사탄의 이름은 '적'을 뜻합니다. 사탄은 하나님과 하나님의 백성과 하나님의 목적에 대한 불변의 적입니다. 사탄의 목표는 전 인류를 자기 지배 아래에 두는 것입니다. 사탄의 전술은 기만으로, 속임수의 명수입니다.

사탄은 이미 하나님을 거역하는 태도를 가진 인류의 대다수에 대해 지배력을 행사하고 있습니다. 에베소서 2장 2절에 사탄은 이렇게 묘사되고 있습니다. "불순종의 아들들 가운데서 역사하는 영이라." 하나님께 순종하지 않는 이런 사람들은 대부분 자신이 처한 상황을 분명하게 이해하지 못하고 있습니다. 그 사람들은 알지도 못하고 조종할 수도 없는 세력에 이리저리 끌려 다닐 뿐입니다.

그 사람들 중에는 사탄의 정체를 알지 못하면서 스스로 의도적으로 문을 열고 사탄을 받아들인 사람도 있습니다. 힘과 물질을 얻기 위해 그 사람들은 사탄이 그들에게 준 초자연적인 힘을 행사하는 능력을 체계적으로 기릅니다. 그런 사탄의 노예들은 전세계 거의 모든 문화권에서 인지되고 있고 다양한 이름으로 불립니다. 주술사, 복술사, 무당 등이 가장 흔하게 쓰이는 이름이지만 각 문화마다 다른 명칭이 있습니다.

예수님은 사탄이 실재하며 능력을 갖고 있다는 사실을 부인하지 않았습니다. 그러나 예수님은 사도들에게 권위를 부여셨고, 그 권위로 사탄을 이기도록 할 것이며 사탄의 모든 공격으로부터 사도들을 보호할 것이라고 약속하셨습니다.

사탄의 노예들이 하나님의 백성을 공격하는 주요 무기는 저주입니다. 이것은 민수기 22장부터 24장에 나오는 발락과 발람의 이야기가 생생하게 묘사하고 있습니다. 모압 왕은 이스라엘과 싸워서 이길 수 없다는 것을 알고 발람을 고용해서 이스라엘을 저주하라고 청합니다. 오늘날도 부족끼리 싸우게 되면 전투에 나가기 전에 주술사가 적군에게 저주를 겁니다.

그러나 발람이 이스라엘을 저주하려고 시도할 때마다 하나님이 개입하셔서 저주를 축복으로 바꾸었습니다! 하나님도 발람이 이스라엘을 저주하는 것이 아무 힘이 없는 빈말이라고 간주하지 않았음을 깨달아야 합니다. 하나님은 발람의 저주가 이스라엘에게 심각한 위협이 됨을 아셨으므로 발람의 의도를 좌절시키기 위해 직접 개입하신 것입니다. 그로부터 많은 시간이 흘렀어도 하나님의 견해는 바뀌지 않았습니다. 하나님은 사탄의 노예들이 하나님의 백성을 향해 저주하는 것을 무시하거나 과소평가하지 않습니다. 오히려 하나님은 더 월등한 능력으로 자기 백성들을 무장시킵니다.

하나님의 백성들이 그러한 능력을 적절하게 활용하여 저주의 손길에서 벗어나면 사람들의 삶은 놀랍게 변합니다. 전세계 많은 지역이 주술사들이 행사하는 눈에 보이지 않는 영적 힘의 지배를 받고 있습니다. 아프리카에서 사람들이 고백과 기도로 저주에서 풀려난후 삶이 극적으로 변하는 것을 저희들은 보았습니다. 이전에는 전혀 웃지 않던 사람들이 웃음이 넘치는 행복한 사람이 되었습니다. 흡사 밤이 낮으로 바뀐 것같은 변화였습니다.

어떤 집회가 끝난 후 아프리카 남자 한 사람이 저희에게 다가왔습니다. 그 사람은 옷을 잘 입고 있었는데 흙으로 자신을 문질렀습니다. 그것은 그 아프리카 사람들이 감사 표시를 하는 방식이었습니다. 그리고는 이렇게 말했습니다. "저는 평생 불행하게 살아왔습니다. 또 몇 년간 끊임없는 통증에 시달려 왔습니다. 이제 저는 자유로운 사람이 되었습니다. 더 이상 통증도 없고 행복합니다."

저희들이 한 일은 그 사람을 저주로부터 해방시킨 것밖에 없었습니다. 어떤 지역 사람들은 너무나 문명화된 나머지 분명히 실재하는 영적 세력에 대한 감수성을 잃어버렸습니다. 눈에 보이지 않는 영적 세력이 존재한다는 것을 믿지 않는다고 하더라도 사람들은 그 세력의 영향을 받을 수 있습니다.

5. 스스로 내리는 저주와 망령된 말

말은 입으로 말했든 글로 썼든 사람들에게 선하거나 악한 영향을 크게 미칩니다. 격려하는 말이 우리에게 어려움을 견뎌 나가도록 희망을 주는 것을 모두 경험했을 것입니다. 그것은 다른 사람이 우리에게 한 말일수도 있고 우리가 자신에게 한 말일수도 있습니다. 자기가 하는 말이 자신과 다른 사람에게 매우 부정적인 영향을 미칠 수 있다는 것을 불행하게도 많은 사람들이 깨닫지 못하고 있습니다. 말을 함부로 함으로써 사람들은 자기 자신에게 스스로 저주를 내리는 것입니다.

스스로 내리는 저주

야곱과 리브가의 이야기를 다시 생각해 보십시오. 리브가는 둘째 아들 야곱이 형 에서가 받아야 할 축복을 아버지 이삭으로부터 먼저 받도록 설득했습니다. 야곱은 영리한지라 리브가가 시키는대로 하면 무슨 일이 일어날 것인지 미리 생각해 보았습니다. 창세기 27장 12절과 13절에는 야곱과 리브가가 주고 받은 말이 기록되어 있습니다.

"아버지께서 나를 만지실진대 내가 아버지께 속이는 자로

뵈일지라 복은 고사하고 저주를 받을까 하나이다. 어미가 그에게 이르되 내 아들아 너의 저주는 내게로 돌리리니 내 말만 좇고 가서 가져 오라."

리브가는 그렇게 말함으로써 스스로 자신에게 저주를 내렸습니다. 나중에 리브가는 자기 남편 이삭에게 에서가 결혼한 헷 여자들에 대해 불평을 합니다. 리브가는 에서의 아내들을 좋아하지 않았습니다.

내가 헷 사람의 딸들을 인하여
나의 생명을 싫어하거늘 야곱이 만일
이 땅의 딸들 곧 그들과 같은 헷 사람의
딸들 중에서 아내를 취하면
나의 생명이 내게 무슨 재미가 있으리이까?

(창세기 27장 46절)

리브가는 자신에게 이중으로 저주를 내린 것이었습니다. 리브가는 자기 생명을 싫어한다고 말했고 사는 것이 무슨 재미가 있느냐고 했습니다. 그것은 죽고 싶다는 뜻이었습니다.

"죽고 싶어. 살아봐도 소용없어"라고 말함으로써 스스로 자신에게 저주를 내린 사람을 저는 헤아릴 수 없을 정도로 많이 구한 경험이 있습니다. 그런 말은 죽음의 영을 부르는 초대장이 됩니다. 그런 말을 자주 되풀이하지 않아도 죽음의 영은 쉽사리 여러분에게 들어갑니다. 죽음의 영으로부터 해방된 사람을 저는 수없이 많이 보았습니다.

북 아일랜드에서 가진 한 집회에서 저는 죽음의 영으로부터 풀려나야 할 사람들을 위해 기도한 적이 있습니다. 약 2000명이 참석한 그 집회에서 50명의 젊은 사람들이 동시에 죽음의 영으로부터 해방되었습니다.

절망적인 이런 태도는 어떻게 생긴 것일까요? "살아봐도 소용없어. 인생이 내게 무슨 의미가 있나? 차라리 죽는 것이 낫지." 이런 말을 하기 때문입니다. 이런 말은 스스로 자신에게 저주를 내리는 행위가 되므로 대단히 위험한 짓입니다. 그런 말을 하는 사람은 이렇게 변명할 지도 모릅니다. "그냥 해본 말이지 꼭 죽고 싶다는 뜻은 아니었어." 그러나 예수님은 함부로 망령된 말을 내뱉는 것을 엄숙하게 경고하십니다. 마태복음 12장 36절과 37절에 예수님은 이렇게 말씀하셨습니다.

"내가 너희에게 이르노니 사람이 무슨 무익한 말을 하든지 심판날에 이에 대하여 심문을 받으리니 네 말로 의롭다함을 받고 네 말로 정죄함을 받으리라."

말한 사람이 "꼭 그런 뜻은 아니었어" 라고 해도 자신이 내뱉은 말의 영향을 축소하거나 취소하지는 못합니다. 또 그것이 그 사람의 책임을 면제하지도 않습니다. 여러분이 그런 말을 예사로 하는 것은 마귀의 술책에 걸려 넘어가는 짓입니다. 그런 말은 아주 부적절한 이유 때문에 내뱉게 되는 일이 흔합니다. 화가 났거나 낙심한 끝에 그런 말이 얼마나 중대한 결과를 초래하는지 미처 깨닫지 못하고 말하지만 사실은 자신의 운명을 결정 지을 수도 있습니다.

마태복음 27장 24절과 25절에는 스스로 내리는 저주가 얼마나 비극적인 영향을 오랜 세월 대를 이어 후세까지 미칠 수 있는지 그 예가 기록되어 있습니다. 빌라도 총독이 예수님을 재판하는 장면입니다.

빌라도가 아무 효험도 없이 도리어 민란이 나려는 것을 보고 물을 가져다가 무리 앞에서 손을 씻으며 가로되 이 사람의 피에 대하여 나는 무죄하니 너희가 당하라 백성이 다 대답하

여 가로되 그 피를 우리와 우리 자손에게 돌릴지어다 하거늘

지난 19세기에 걸친 유태인 역사의 한가지 중요한 변수가 자손 대대로 내려가는 이 스스로 내린 저주라는 것을 알아야 유태인 역사를 이해할 수 있습니다. 유태인들이 받은 숱한 박해와 고통 중 얼마나 많은 부분이 이 저주로 말미암은 것인지는 오직 하나님만 아십니다. 앞에서 우리는 하나님께서 야곱과 그 자손 – 유태인 – 을 저주하는 모든 사람들로부터 야곱과 그 후손을 어떻게 보호하셨는지 보았습니다. 그러나 하나님도 자기 백성을 보호할 수 없는 한가지 저주가 있었습니다. 그것은 유태인 스스로 자신들에게 내린 저주였습니다.

비성경적인 언약

출애굽기 23장 32절을 보면 이스라엘 백성들이 약속의 땅으로 들어가기 전 이미 그 땅에 살고 있던 사악하고 우상숭배하는 족속에 대해 하나님께서 경고하십니다. "너는 그들과 그들의 신과 언약하지 말라."

언약은 어떤 사람이 맺는 가장 엄숙하고 강력한 형태의 관계입니다. 사탄은 이것을 알고 사람들에게 강력한 지배력을 행사하기

위해 자기가 만든 언약관계를 이용합니다. 여러분이 악령의 권세 아래에 있는 사람과 언약을 맺으면 여러분도 악령의 지배를 받게 됩니다.

특히 사교 단체와의 언약이 이에 해당합니다. 프리메이슨은 그런 단체의 한가지 예로 전세계적인 조직망을 갖추고 있습니다. 프리메이슨에 입회하려면 그 조직의 비밀을 누설하지 않겠다는 아주 잔인하고 야만적인 서약을 해야 합니다. 자기 스스로 자신에게 내리는 저주 가운데 이 서약보다 더 무서운 예를 찾기는 불가능합니다.

프리메이슨은 잡신을 인정하기 때문에 사교 조직입니다. 프리메이슨은 성경을 포함해서 기독교와 관련된 것들을 많이 사용하지만 그것은 의도적인 기만 행위입니다. 프리메이슨이 인정하는 신은 성경의 하나님이 아닙니다.

그런 단체와 관계하는 것은 여러분과 여러분 후손에게 재앙을 부르는 일입니다. 부모가 프리메이슨에 관련됨으로써 장애인, 부진아로 태어난 불행한 아이들의 수가 얼마나 많은지는 오직 하나님만 아십니다. 프리메이슨에 가입하는 것은 여러분의 자유이지만, 그러한 행위가 부르는 재앙은 하나님이 정해 놓으셨으므로 바꿀 수가 없습니다.

모든 종류의 언약은 강력한 구속력을 갖습니다. 여러분은 예수님의 보혈 안에서 맺은 언약이 아닌 언약을 사람들과 맺어서는 안 됩니다.

망령된 말과 기도

우리가 하는 말은 긍정적이든 부정적이든 강력한 영향력을 행사한다는 사실을 분명히 이해하셨을 것입니다. 사람의 혼에서 나오는 말이나 기도도 자기 스스로 내리는 저주처럼 부정적인 영향을 미칩니다. 야고보는 다음과 같이 기독교인들에게 경고했습니다.

> 그러나 너희 마음 속에 독한 시기와 다툼이 있으면
> 자랑하지 말라 진리를 거스려 거짓하지 말라
> 이러한 지혜는 위로부터 내려온 것이 아니요
> 세상적이요 정욕적이요 마귀적이니
> (야고보서 3장 14절~15절)

이처럼 내리막길로 내려가는 과정을 이해하는데 열쇠가 되는 것은 '정욕적(sensual)' 이라는 말입니다. 이 단어의 그리스어는 영을 뜻하는 psuche에서 형성된 psuchikos 입니다. 이 말과 상응하는 영어는 soulish 입니다.

데살로니가전서 5장 23절에서 바울은 이렇게 기도합니다. "평강의 하나님이 친히 너희로 온전히 거룩하게 하시고 또 너희 온 영과 혼과 몸이 우리 주 예수 그리스도 강림하실 때에 흠없게 보전되기를 원하노라." 바울은 여기서 사람의 인격을 구성하는 세가지 요소를 높은데서 낮은데로 하강하는 순서대로 열거합니다. 영과 혼과 몸.

아담이 하나님께 불순종한 원죄의 결과로 사람의 영은 하나님으로부터 단절되었습니다. 이와 동시에 사람의 혼은 영으로부터 독립을 주장하기 시작했습니다. 이처럼 영과 혼이 분리된 것은 인간이 하나님을 거역함으로써 생긴 일입니다.

고린도전서 2장 14절과 유다서 16절~17절은 혼에 속한 사람이 어떤 사람인지 우리가 이해할 수 있도록 도와줍니다. 그 사람의 영은 하나님의 뜻에 따라 기능할지라도 혼은 하나님과의 조화에서 벗어나 있습니다. 교회에도 나가고 기독교인처럼 보이지만 실상은 그 사람의 거역하는 태도와 행동이 성령을 슬프게 하고 그리스도의 몸 안에서 죄를 짓습니다.

이것은 어떤 사람이 하는 말을 보면 알 수 있습니다. 로마서 1장 29절과 30절에서 바울은 하나님을 거역하는 사람이 어떤 사람인지 설명합니다. "곧 모든 불의, 추악, 탐욕, 악의가 가득한 자요 시기, 살인, 분쟁, 사기, 악독이 가득한 자요, 수군수군하는 자요, 비방하는 자요, 하나님의 미워하시는 자요, 능욕하는 자요, 교만한 자요, 자랑하는 자요, 악을 도모하는 자요, 부모를 거역하는 자요." 하나님은 수군수군 남을 험담하는 것을 얼마나 심각한 죄로 여기시는지 이 구절을 보면 알 수 있습니다.

야고보도 이와 비슷하게 경고합니다. "형제들아 피차에 비방하지 말라."(야고보서 4장 11절) 우리는 다른 신자들을 비방해서는 안 됩니다. 비록 그 사람들에 대해서 하는 말이 진실일지라도 비방하는 것은 옳지 않습니다. 그렇다고해서 진실을 서로 이야기하는 것을 배제하지는 않습니다. 당사자에게 먼저 이야기하고(마태복음 18장 15절~17절), 사랑을 바탕으로 겸손한 태도로 권고하는 한(에베소서 4장 15절) 우리는 서로 진실을 말할 수 있습니다.

겸손하고 순수한 동기는 우리로 하여금 기도할 때 성령에게 의지할 수 있게 합니다. 그리하여 우리는 무엇을 기도할지 알게 되고 또 어떻게 기도해야 하는지도 알게 됩니다. 효과적으로 기도하려면 성령에게 완전히 의존해야 합니다. 로마서 8장 26절과 27절에서 바울은 이렇게 말합니다.

> 이와같이 성령도 우리 연약함을 도우시나니 우리가 마땅히 빌바를 알지 못하나 오직 성령이 말할 수 없는 탄식으로 우리

를 위하여 친히 간구하시느니라. 마음을 감찰하시는 이가 성령의 생각을 아시나니 이는 성령이 하나님의 뜻대로 성도를 위하여 간구하심이니라.

많은 사람들이 기도는 항상 하나님께 받아들여지며 기도의 효과는 언제나 좋을 것으로 생각하지만 그렇지 않다는 것을 강조하고 싶습니다.

우리가 성령에게 순종하며 그분의 인도하심을 구하지 않으면 시기나 이기적 욕심, 원한, 분노 또는 비방과 같은 세속적인 동기로 기도하게 됩니다. 성령은 그러한 동기로 하는 기도를 승인하지도 않을 뿐 아니라 하나님 앞에 그런 기도를 올리지도 않습니다.

그리하여 우리의 기도는 야고보서 3장 15절에 기록된 것처럼 세상적이요 정욕적이요 마귀적인 기도로 점점 타락하게 됩니다. 그런 기도는 망령된 말처럼 부정적인 영향을 미칩니다. 우리가 어떤 사람을 위해 그런 기도를 하면 그 사람의 짐을 덜어주는 것이 아니라 오히려 눈에 보이지 않고 정의할 수 없는 무거운 짐을 지우게 됩니다.

어떤 사람들이 여러분을 위한답시고 하는 기도는 차라리 하지 않는 것보다 못한 경우도 있습니다. 충격적으로 들리겠지만, 어떤 사람들은 다른 사람이 나아가야할 방향에 대해서 자신의 생각대로 실현되도록 기도를 합니다. 그러나 그것은 전혀 하나님의 뜻이 아닐 수도 있습니다. 여러분은 그런 사람들이 기도하는 어떤 일을 하려고 할 때마다 압박감을 느끼게 됩니다.

효과가 없는 기도는 없습니다. 우리의 기도가 효과가 있을지가 문제가 아니고, 그 기도의 효과가 긍정적일 것인지 또는 부정적일 것인지가 문제입니다. 그것은 기도를 통해 역사하는 힘에 달려 있습니다. 성령의 역사인가? 아니면 마귀의 역사인가? 망령된 기도의 힘은 실제로 위험합니다. 그런 기도가 부르는 것은 축복이 아니고 저주입니다.

6. 저주의 일곱가지 표시

저는 개인적인 경험과 관찰을 바탕으로 저주가 작용하고 있음을 알려주는 일곱가지 문제 영역의 목록을 만들었습니다. 이런 문제가 한두가지 있다고 해서 반드시 저주가 작용하고 있다고 단정지을 수는 없습니다. 그러나 여러 가지 문제가 있거나 또는 한가지 문제가 반복해서 일어난다면 저주가 작용하고 있을 가능성은 증가합니다. 절대적으로 정확한 진단을 내릴 수 있는 분은 성령밖에 없으므로 우리는 성령의 분별력이 필요합니다.

1) 정신질환

정신질환이 일생에 한번 발생했다면 다른 원인이 있을 수 있습니다만, 한 가족에게 정신질환이 자주 반복해서 일어난다면 그 가족은 저주 아래에 있는 것이 분명합니다. 정신착란이나 우울증은 거의 예외없이 그 뿌리가 밀교나 주술 행위에 닿아 있습니다.

2) 재발하는 질병이나 만성적인 질병

모든 질병이 다 저주 때문에 발생하는 것은 아닙니다. 그러나 의학적으로 분명하게 진단되지 않는 질환은 저주로 말미암은 것이라고 볼수 있습니다. 대를 이어 내려오는 유전병은 그 가계에 저주가 작용하고 있음을 말해주는 흔한 표시입니다.

3) 불임증, 자연 유산이 잘되는 경향 또는 각종 부인병

어떤 가족의 모든 여성이 생식기능에 문제가 있는 경우가 흔합니다. 여성들이 그런 문제로 저와 루스를 찾아와 기도를 부탁하는 일이 많습니다. 그럴 경우 저주의 성격과 원인에 대해 그 여성들에게 설명한 다음 함께 기도를 하면 극적으로 저주에서 풀려나는 것을 많이 보았습니다.

4) 가정의 붕괴

말라기 4장 5절과 6절은 이 세상이 끝나기 전에 일어날 무서운 일을 기록하고 있습니다. 사탄의 세력이 부모를 자식들로부터 분리시키고 가정을 붕괴시킬 것이라고 말라기는 예언하고 있습니다. 하나님이 개입하지 않으면 가정을 파괴하는 이 저주는 전세계를 뒤덮을 것이라고 말라기는 경고합니다.

5) 지속되는 경제적 어려움

신명기 28장 47절과 48절은 저주가 어떻게 작용하는지 생생하게 보여줍니다.

> 네가 모든 것이 풍족하여도 기쁨과 즐거운 마음으로 네 하나님 여호와를 섬기지 아니함을 인하여 네가 주리고 목마르고 헐벗고 모든 것이 핍절한 중에서 여호와께서 보내사 너를 치게하실 대적을 섬기게 될 것이니

이 구절은 풍요로움은 축복이요 가난은 저주라는 결론을 내리고 있습니다. 바울이 고린도후서 9장 8절에서 요약하고 있듯이 하나님은 자기 백성들을 풍요로움으로 축복하기를 원하십니다.

하나님이 능히 모든 은혜를 너희에게 넘치게 하시나니 이는 너희로 모든 일에 항상 모든 것이 넉넉하여 모든 착한 일을 넘치게 하게 하려 하심이라

가난은 여러분의 삶에 대한 하나님의 모든 뜻을 수행하는데 필요한 것보다 모자라는 상태입니다. 풍요로움은 이와 반대로 하나님의 뜻을 수행하는데 필요한 모든 것이 넘칠 정도로 넉넉해서 다른 사람에게 베풀 수 있는 상태입니다.

6) 사고를 잘 당함

어떤 사람은 이상하게 사고를 잘 당합니다. 눈에 보이지 않는 악한 세력이 그런 사람 뒤를 따라 다니는 것 같습니다. 그것은 통계적으로 분석이 가능하므로 일부 보험회사는 사고를 잘 당하는 그런 사람들에게는 비싼 보험료를 적용합니다.

7) 자살, 비자연적인 죽음 또는 요절의 역사

자살이나 비자연적인 죽음 또는 요절을 부르는 저주는 흔히 어떤 개인에게만 영향을 미치지 않고 가족이나 부족처럼 보다 큰 사회집단까지 영향을 미칩니다. 또 그런 저주는 보통 대를 이어 내려

갑니다.

위와 같은 저주의 일곱가지 표시가 모든 것을 망라하는 목록이 아니고 다른 것을 더 추가할 수 있습니다. 그러나 지금쯤 여러분은 자신의 주변 상황을 충분히 이해할 수 있게 되었을 것입니다.

제 3 부
저주에서 어떻게 자유케 될 것인가?

여러분은 이제 자신의 삶에 저주의 어두운 그림자가 드리워져 있음을 보십니까? 하나님의 축복의 밝은 햇살을 가리고 있는 어두운 그림자로부터 벗어나는 길이 없는지 고민하십니까? 여러분은 저주의 영향으로부터 지배를 받으며 살아갈 필요가 없습니다. 그 저주가 여러분의 일생 중 발생한 것이든 또는 조상의 행위로 말미암아 일어난 것이든 상관없습니다. 평생 지고 살아가야 한다고 생각한 무거운 짐으로부터 벗어나 자유를 누릴 수 있습니다.

우리는 먼저 자신에게 영향을 미치는 저주의 원인 또는 근원이 무엇인지 알아낼 필요가 있습니다. 그래서 저는 앞장에서 저주의 다양한 근원을 설명한 것입니다. 여러분이 이 책을 읽어감에 따라 성령이 여러분에게 무엇 때문에 저주의 영향을 받고 있는지 말씀해 주실 것으로 저는 믿습니다. 여러분이 언제나 저주의 원인을 알아야 하는 것은 아니지만 대개 하나님은 우리가 무엇으로부터 해방되는지, 그리고 왜 그러한 저주가 우리에게 내려져 있는지 알기를 원하십니다. 하나님이 여러분에게 보여주시는 것을 따라 행동하십시오.

우리가 저주로부터 벗어날 방법이 있습니다! 오직 한가지 길, 십자가에 달려 돌아가신 예수님의 희생적인 죽음으로 인해 우리가 저주로부터 벗어날 길이 열렸습니다. 지금부터 그늘에서 양지로, 저주에서 축복으로 가는 하나님의 길을 찾고 따르는 방법을 설명해 드리겠습니다.

7. 숭고한 교환

복음의 모든 메시지는 한가지 독특한 역사적 사건을 중심으로 전개됩니다. 십자가에 달려 돌아가신 예수님의 희생적인 죽음이 그 중심입니다. 바울은 히브리서에서 이렇게 말합니다. "저가 한 제물로 거룩하게 된 자들을 영원히 온전케 하셨느니라."(히브리서 10장 14절) "온전케 하셨느니라"와 "영원히"란 두가지 강력한 표현이 함께 사용되고 있습니다. 예수님의 희생은 전 인류가 필요로 하는 모든 것을 충족시키면서 영원히 그 효력을 유지한다는 뜻입니다.

이것이 우리가 저주에서 풀려나는 길의 기초가 됩니다. 십자가에서 한가지 숭고한 교환이 일어난 것입니다. 첫째로, 예수님은 우리가 지은 죄로 말미암아 우리가 받아야할 모든 고통을 대신 감당하셨습니다. 그 대가로 하나님은 죄없이 순종한 예수님이 받아야할 모든 선한 것을 우리에게 주십니다.

여러분이 구원의 범위를 이해할 수 있도록 십자가에서 완성된 모든 일을 요약하겠습니다.

우리가 용서받을 수 있도록 예수님은 벌을 받았습니다.

우리가 치유될 수 있도록 예수님은 상처를 받았습니다.

이 두가지 진실은 함께 묶여 있습니다. 영적인 차원에서 예수님은 우리의 죄로 말미암은 벌을 대신 받음으로써 우리가 용서받고 하나님의 평화를 누릴 수 있게 되었습니다.

물리적인 차원에서 예수님은 우리의 질병과 고통을 대신 감당함으로써 우리가 예수님의 상처를 통해 치유받을 수 있게 되었습니다.

우리가 예수님의 의로움을 통해 의롭게 될 수 있도록 예수님은 우리의 죄로 죄인이 되었습니다.

이사야서 53장 10절에는 이 숭고한 교환의 세 번째 측면이 이렇게 기록되어 있습니다. 하나님은 예수님의 영혼을 '속건제물'로 만드셨다고. 이 모든 것은 속건제물의 다양한 형태에 관해 하나님이 모세에게 주신 율례에 예시되어 있습니다.

고린도후서 5장 21절에서 바울은 이사야서 53장 10절을 인용하면서 이 숭고한 교환의 긍정적 측면을 제시합니다. "하나님이 죄를 알지도 못하신 자로 우리를 대신하여 죄를 삼으신 것은 우리로 하여금 저의 안에서 하나님의 의가 되게 하려 하심이니라." 우리는 결코 하나님의 의를 노력해서 얻을 수 없습니다. 그것은 오직 믿음으로 받을 수 있습니다.

예수님이 우리의 죽음을 죽음으로써 우리는 예수님의 생명을 누리게 되었습니다.

성경은 처음부터 끝까지 죄의 종말은 죽음이라고 강조합니다. 예수님이 우리의 죄로 말미암아 죄인이 되었을 때 예수님도 인간의 죄로 말미암은 죽음을 맛보는 것이 불가피했습니다.

예수님은 당신의 대리 희생을 받아들이는 모든 사람에게 영원한 삶을 선물로 주십니다. 로마서 6장 23절에서 바울은 두 갈래 길을 나란히 보여줍니다. “죄의 삯은 사망이요 하나님의 은사는 그리스도 예수 우리 주 안에 있는 영생이니라.”

예수님이 우리의 가난을 짊어지심으로써 우리는 그분의 풍요로움을 누릴 수 있게 되었습니다.

신명기 28장 48절에서 모세는 절대적인 가난을 네가지 표현으로 요약했습니다. 주리고 목마르고 헐벗고 모든 것이 핍절함. 예수님이 이 모든 것을 십자가에서 경험하심으로써 우리는 그분의 풍요로움을 맛볼수 있게 되었습니다.

우리의 풍요로움은 예수님이 지상에 계셨을 때 누리셨던 것처럼 될 것입니다. 우리는 많은 현금을 갖고 다니거나 은행에 많은 잔고를 갖고 있지는 않겠지만 매일 매일 우리가 필요로 하는 것이 채워지고 또 넘쳐서 다른 사람이 필요로 하는 것도 베풀 수 있게 될 것입니다.

예수님이 우리의 수치를 감당하심으로써 우리는 그분의 영광을 함께 누릴 수 있게 되었습니다. 또 예수님이 우리의 거절을 견디심으로써 우리는 하나님의 자녀로 받아들여지게 되었습니다.

십자가상에서 일어난 숭고한 교환은 인간의 죄로 말미암은 정서적인 고통까지 포함합니다. 우리의 죄로 인한 가장 견디기 힘든 상처는 수치와 거부입니다. 십자가에서 처형되는 것은 모든 형태의 죽음 가운데 가장 수치스러운 것이었습니다. 십자가에서 예수님은 하나님 아버지와 관계가 단절되는 거절의 고통을 견디셨습니다. 예수님이 하나님 아버지에게 부르짖었을 때 아무런 응답이 없었습니다. 다시 말씀드리면, 예수님이 악함을 견디셨기 때문에 우리는 선함을 누릴 수 있게 된 것입니다.

예수님이 저주를 감당하셨으므로 우리는 축복을 누릴 수 있게 되었습니다.

바울은 갈라디아서 3장 13-14절의 십자가상에서 일어난 이 숭고한 교환의 한 측면을 설명합니다.

그리스도께서 우리를 위하여 저주를 받은바 되사 율법의 저주에서 우리를 속량하셨으니 기록된바 나무에 달린자마다 저주 아래 있는 자라 하였음이라. 이는 그리스도 예수 안에서 아브라함의 복이 이방인에게 미치게 하고 또 우리로 하여금 믿음으로 말미암아 성령의 약속을 받게 하려 함이니라.

이것이 저주로부터 해방되는 일의 기초입니다. 우리가 저주에서 벗어나는 길은 그리스도께서 우리를 위하여 십자가에 달려 희생되신 것을 믿는 것에서 시작되어야 합니다. 예수님이 죄인이 되심으로써 우리가 의로워진 것처럼 예수님이 저주를 받으심으로써 우리는 축복을 받을 수 있게 된 것입니다. 신명기 21장 23절에서 나무에 달린 자는 하나님께 저주를 받았음이니라고 모세의 율법은 말합니다. 모세의 율법을 아는 유태인들은 모두 예수님이 십자가에 달리신 것을 보았을 때 예수님이 저주를 받았음을 알았습니다. 예수님이 저주를 받음으로써 우리가 저주로부터 벗어날 수 있게 되었음을 하나님께 감사드립니다.

저주로부터 해방된 다음에도 계속해서 하나님의 음성을 듣고 하나님께서 말씀하시는대로 행해야 함을 마음에 새겨 두어야 합니다. 요한복음 10장 27절에서 예수님은 이렇게 말씀하십니다. “내 양은 내 음성을 들으며 나는 저희를 알며 저희는 나를 따르느니라."

하나님의 음성을 듣고 따르는 것이 축복을 받는 길입니다. 하나님의 축복 안에서 살아가기 위해서는 만약 여러분의 삶을 저주가 덮고 있다면 먼저 그 저주로부터 해방되어야 합니다. 예수님의 죽음으로 인하여 축복은 율법적으로 이미 우리의 것입니다. 예수님께서 우리를 위하여 축복을 획득하신 것입니다. 우리가 해야 할 일은 율법에서 체험으로 나아가는 것입니다. 우리의 삶에 축복이 작용하도록 해야 합니다. 어떻게 해야 되는지 그 방법을 가르쳐 드리겠습니다. 율법적인 근거는 이미 마련되어 있습니다. 하나님께서 더 이상 해야 하실 일 은 없고, 우리가 하나님께서 이미 마련해 놓으신 것을 받아들이는 일만 남아 있습니다.

8. 저주에서 벗어나는 일곱 단계

구원이란 하나님이 우리의 삶에 역사하시려고 하는 모든 일을 요약하는 단어입니다. 어떤 면에서는 신약의 여러 부분에서 구원을 뜻하는 그리스어가 영어로 다양하게 번역됨으로 인하여 하나님 역사의 범위가 모호해졌습니다. 그리스어 sozo는 보통 '구원하다' 라고 번역되지만 죄를 용서하는 것 이상의 의미로 사용되기도

합니다.

예를 들면 육신의 질병이 치유되는 것과 사람이 마귀로부터 해방되는 것과 죽은 사람이 다시 살아나는 것도 뜻하는 것입니다. 나사로의 경우에는 그리스어 sozo가 치명적인 질병에서 회복되는 것을 뜻합니다. 디모데후서 4장 18절에서 "주께서 나를 모든 악한 일에서 건져내시고 또 그의 천국에 들어가도록 구원하시리니" 라고 할 때도 바울은 똑같은 그리스어 동사를 사용합니다.

구원의 역사는 인간 존재의 모든 면을 포함합니다. 그것은 데살로니가전서 5장 23절에 기록된 바울의 기도에 아름답게 요약되어 있습니다. "평강의 하나님이 친히 너희로 온전히 거룩하게 하시고 또 너희 온 영과 혼과 몸이 우리 주 예수 그리스도 강림하실때에 흠없게 보전되기를 원하노라." 구원은 인간 존재의 모든 면 – 영과 혼과 몸 – 을 포함하며 오직 예수님이 재림하실 때 육신이 부활함으로써 완성됩니다.

구원의 다양한 혜택을 한꺼번에 누리는 사람은 아무도 없습니다. 한단계에서 다음 단계로 한걸음씩 나아가는 것이 보통입니다. 죄를 용서받는 것 이상의 단계로 넘어가지 못하는 기독교인이 많습니다. 값없이 주어지는 구원의 다른 많은 혜택을 모르고 있기 때문입니다.

어떤 사람이 구원의 다양한 혜택을 누리는 순서는 하나님이 결정하십니다. 하나님은 우리 모두를 개인적으로 다루시며, 어떤 특정한 때에 우리가 필요로 하는 것이 무엇인지 우리 자신은 모르고 있어도 하나님은 아십니다. 하나님은 우리 각자에게 선택권을 부여하십니다. 한쪽은 생명과 축복이요, 다른 쪽은 사망과 저주입니다. 이스라엘 백성처럼 우리는 자신의 선택에 따라 운명을 결정짓습니다. 우리가 하는 선택은 또 우리 후손의 운명을 결정짓기도 합니다.

생명과 축복으로 가는 길을 선택하면, 우리의 삶을 덮고 있는 저주에서 해방될 수 있습니다. 저주에서 해방되려면 어떤 단계를 밟아야 할까요? 모든 사람이 똑같이 따라야 하는 정해진 양식은 없습니다. 그러나 저는 사람들을 저주에서 풀려나게 하면서 다음과 같은 일곱 단계를 밟는 것이 도움이 된다는 것을 발견하게 되었습니다.

1) 그리스도에 대한 믿음과 그분이 당신을 대신하여 십자가에서 희생되었음을 믿는다는 것을 고백하십시오

로마서 10장 9절과 10절에서 바울은 그리스도의 희생이 가져온 혜택을 누리려면 두가지 필수 조건을 충족시켜야 한다고 설명합니다. 하나님께서 예수님을 죽은자 가운데서 살리신 것을 마음으로 믿는 것과, 입으로 예수님을 주로 시인하는 것입니다. 마음 속의 믿음은 입으로 고백하기 전까지는 완전하게 유효하지 못합니다.

성경에서 고백은 하나님께서 이미 말씀하신 것을 우리의 입으로 똑같이 말하는 것을 뜻합니다. 히브리서 3장 1절에서 바울은 예수님을 "우리의 믿는 도리의 사도시며 대제사장"이시라고 말합니다. 우리가 예수님에 관해서 올바른 성경적 고백을 하는 순간 예수님은 우리를 위하여 대제사장으로서의 권능을 행사하십니다.

2) 하나님을 거역하며 지은 모든 죄를 회개하십시오

하나님께 순종하지 않고 지은 모든 죄에 대한 책임이 자신에게 있음을 시인해야 합니다. 하나님께서 요구하시는 회개를 다음과 같이 고백하십시오.

"저의 모든 불순종과 죄를 회개하며 이제 주님께 저를 드립니다."

3) 죄의 사함을 받아들이십시오

우리의 삶에 하나님의 축복이 내리는 것을 막는 가장 큰 장애는 용서받지 못한 죄입니다. 하나님께서는 우리가 죄를 용서받을 수 있는 길을 만들어 놓으셨지만, 우리가 죄를 고백하기 전에는 용서하지 않습니다. 하나님께서는 여러분이 어떤 죄를 지음으로써 저주를 받게 되었는지 보여주실 것입니다. 그런 죄는 구체적으로 고백하십시오. "만일 우리가 우리 죄를 자백하면 저는 미쁘시고 의로우사 우리 죄를 사하시며 모든 불의에서 우리를 깨끗케 하실 것이요" (요한 1서 1장 9절)

4) 여러분에게 상처를 입힌 모든 사람을 용서하십시오

우리의 삶에 하나님의 축복이 내리는 것을 막는 또다른 큰 장애는 다른 사람을 마음으로 용서하지 않는 것입니다. 다른 사람을 용서하는 것은 감정으로 하는 것이 아니고 의지로 결단하는 것입니다. 여러분이 용서해야 할 사람이 누구인지 생각나게 해달라고 하나님에게 요청하십시오. 성령은 여러분이 옳은 결단을 내리도록 알려주실 것이지만, 여러분을 대신해서 결단을 내려주시지는 않습니다. 큰소리로 말하십시오. "주님, 누구누구를 용서합니다."

5) 사교나 사탄과의 모든 관계를 끊어 버리십시오

여러분이 어떤 시기에 사교 행위에 관련된 적이 있다면 눈에 보이지 않는 경계를 넘어 사탄의 왕국에 발을 들여 놓은 것입니다. 그 이후로 여러분이 알고 있건 모르고 있건 상관없이 사탄은 여러분을 자기 백성으로 생각해왔습니다. 사탄은 여러분을 자기 것이라고 주장할 법적인 권리가 있다고 생각합니다.

여러분은 사탄과의 모든 관계를 최종적으로 영원히 끊어버려야 합니다. 어떤 사교 행위에 관련되었는지 생각이 나지 않으면 하나님께 떠올려 달라고 요청하십시오. 또 그런 사교 행위와 여러분을 연결할 수 있는 모든 물체를 제거해 버려야 합니다. 어떤 상징이나 부적이나 책 등 사교와 관련된 것이면 무엇이든 태워버리거나 부숴 버리거나 파괴해야 합니다.

6) 여러분은 이제 저주에서 풀려나는 기도를 할 준비가 되었습니다

예수님이 십자가에서 희생되심으로써 여러분이 저주에서 풀려날 수 있는 길을 열어놓으셨음을 믿는 것이 중요합니다. 여러분은 자신의 노력에 힘입어 저주에서 풀려나는 것도 아니오, 그럴만한 가치가 있는 사람이어야 하는 것도 아닙니다.

다음과 같은 기도를 하시기 바랍니다.

주 예수님, 저는 예수님이 하나님의 아들이심과 하나님께 나아가는 유일한 길이심을 믿습니다. 주님은 저의 죄로 인하여 십자가에서 돌아가셨고 죽은 자 가운데서 살아나셨습니다.

이제 저의 모든 불순종과 죄를 회개하고 저를 주님께 바칩니다.

주님 앞에서 저의 모든 죄를 고백하오니 저의 죄를 용서해 주시옵소서. 특히 스스로 저주를 부른 죄를 용서해 주시고, 또 조상의 죄로 말미암은 저주에서도 저를 해방시켜 주시옵소서.

하나님이 저를 용서해 주시기를 바라듯이 제게 상처 입힌 모든 사람을 저의 의지로 결단을 내려 용서합니다. 특히 누구를 용서합니다.

모든 사교나 사탄과의 관계를 끊습니다. 제가 어떤 사교의 상징물을 갖고 있다면 파괴하겠습니다. 사탄의 저에 대한 모든 권리 주장을 거부합니다.

예수님, 제게 내려야 할 모든 저주를 주님께서 십자가에서 감당하셨음을 믿습니다. 그러므로 이제 제 삶에 내려진 모든 저주로부터 저를 해방시켜 주시기를 예수 그리스도의 이름으로 기도드립니다!

이제 저는 저주로부터 해방되었음을 믿사오며 예수님께 감사드립니다.

7) 이제 저주로부터 해방되었음을 믿고 하나님의 축복 속에서 살아가십시오

이 단계에서 하나님께서 여러분을 어떻게 축복하실 것인지 축복이 어떤 형태로 내릴 것인지 분석하지 마십시오. 그 문제는 하나님의 손에 맡기십시오. 하나님께서 정하신 때에 또 원하시는 방법으로 여러분을 축복하게 하십시오. 그 때문에 고민할 필요가 없습니다. 여러분이 할 일은 하나님께서 여러분 안에서 또 여러분을 위해 축복하실 수 있도록 완전히 자신을 열고 맡기는 것입니다. 하나님께서 여러분의 기도에 응답하시는 것을 보는 것은 놀라운 일이 아닐 수 없습니다.

9. 응달에서 양지로

앞장에서 말씀드린 단계를 밟았으면 여러분은 이제 눈에 보이지 않는 경계를 넘었습니다. 여러분의 뒤쪽은 온갖 종류의 저주가 음침하게 덮고 있는 땅입니다. 여러분의 앞에는 하나님의 축복이 햇빛처럼 환하게 비치고 있는 땅이 놓여 있습니다. 여러분은 그리스도 안에서 물려받아야 할 유산을 갖고 있습니다. 모세가 신명기 28장 2절부터 13절에서 선포한 축복을 다시 한번 보십시오.

- 높은 지위
- 풍요로움
- 건강
- 승리
- 번성
- 하나님의 총애

이런 단어를 반복해서 읽으면서 여러분에게 이러한 유산이 생생한 것이 되도록 하나님께 청하시기 바랍니다. 각각의 축복마다 하나님께 감사드리는 것은 가장 순수하고 단순한 믿음의 표현입니다. 만약 여러분이 오랫동안 여러분의 삶을 덮고 있는 저주와 씨름해왔다면, 여러분 마음 한 구석에는 아직 어둠의 그림자가 드리워져 있을지도 모릅니다. 하나님의 축복을 묘사하는 이러한 긍정적인 단어를 되풀이해서 읽는 것은 어두운 골짜기에 햇살 한 줄기가 비치기 시작해서 골짜기 전체로 환하게 퍼져나가는 것을 보는 것과 같습니다.

어둠에서 벗어나 햇살 환한 땅으로 옮겨가는 과정은 사람마다 다른 양상을 보입니다. 어떤 사람들은 저주로부터 즉각 해방되는 경험을 하고 성경 말씀이 약속하는 축복 속으로 금방 들어가는 것

같습니다. 다른 사람들은 똑같이 신실하면서도 특히 사교와 깊이 관련된 경우에는 길고 힘든 투쟁기간을 겪습니다.

하나님의 시각은 우리와 다릅니다. 하나님은 당신의 주권으로 우리가 알지 못하는 상황속의 변수를 고려하십니다. 하나님은 반드시 약속을 지키시지만, 대부분의 경우 미리 우리에게 가르쳐 주시지 않는 두가지가 있습니다. 우리 개인의 삶에 정확히 어떤 방법으로 축복을 내리실 것인지, 그리고 정확히 언제 축복을 내리실 것인지는 미리 알려주시지 않습니다.

갈라디아서 3장 13절부터 14절에서 바울이 설명하는 숭고한 교환의 긍정적 측면을 한번 더 살펴볼 필요가 있습니다.

> 그리스도께서 우리를 위하여 저주를 받은바 되사 율법의 저주에서 우리를 속량하셨으니 기록된바 나무에 달린자마다 저주 아래 있는 자라 하였음이리라. 이는 그리스도 예수 안에서 아브라함의 복이 이방인에게 미치게 하고 또 우리로 하여금 믿음으로 말미암아 성령의 약속을 받게 하려 함이니라.

바울은 약속된 축복과 관련하여 세가지 중요한 사실을 이야기합니다. 첫째로, 그것은 막연하거나 모호한 것이 아니고 구체적인 약속으로, 창세기 24장 1절에 나오는 아브라함의 복이며 그 복의 범위가 정의되어 있습니다.

"여호와께서 그의 범사에 복을 주셨더라."

둘째로 그 복은 예수 그리스도 안에서만 옵니다. 우리 자신의 공로로 취득할 수가 없습니다. 예수 그리스도를 통하여 오직 하나님과 올바른 관계를 맺음으로써 축복을 받게 되는 것입니다.

셋째로 축복은 "성령의 약속"이라고 정의되어 있습니다. 예수님이 우리를 위하여 희생을 치르고 획득하신 모든 것을 하나님 아버지와 그 아들과 성령께서 우리와 함께 나누고자 하십니다. 이것은 인간의 지성으로 이해하기에는 너무나 큰 약속이므로, 하나님께서 우리를 위하여 준비하신 것을 받아들여 완전한 유산을 누리려면 성령에게 의존하고 성령의 인도하심을 받아야 합니다.

로마서 8장 14절에서 바울은 성령의 독특한 역할을 강조합니다. "무릇 하나님의 영으로 인도함을 받는 그들은 곧 하나님의 아들이라." 하나님의 영으로 인도함을 받는 것은 한번으로 끝나는 경험이 아닙니다. 그것은 우리가 영적으로 성숙하면서 순간 순간 의존해야 하는 대상입니다.

성령은 영적 성장의 장애요인을 식별하는 능력을 주시며, 영적으로 성장하려면 성령의 인도하심에 순종하는 것이 대단히 중요합니다. 말레이지아 동부 사라와크 주에는 이반족이 많이 살고 있는 바, 그들은 자연에 영혼이 있다고 믿는 사람들로 주문을 외고, 저주를 하고, 부적을 사용합니다. 그러한 사교행위의 노예상태에서 해방시키는 복음이 현재 이반족에게 극적인 영향을 미치고 있습니다. 복음이 전파된 여러 마을에서 기도받은 많은 사람들이 죄를 고백하고 회개하며 악령에서 해방되었습니다. 마을마다 부적들을 모아서 불태웠습니다.

그러나 한 마을에서는 여전히 악령이 공회당을 점령하고 강력하게 버티고 있는 것이 느껴졌습니다. 성령은 마을 사람들에게 공회당 바깥을 돌며 여리고 행진을 하도록 시켰습니다. 정확히 일곱바퀴를 돌았을 때 행진을 지휘하는 사람이 "멈추어라!" 하고 외쳤습니다. 그러자 즉시 마을 사람들이 미쳐 찾아내지 못했던 한 부적이 마루에 떨어졌으며 그것은 그 마을에서 가장 강력한 부적이었음이 드러났습니다. 그 부적을 태워버리고 나자 엄청난 평화와 기쁨이 마을 사람들에게 내렸습니다.

여러분이 성령에게 순종하고, 하나님 말씀의 약속을 자신있게 선포하는 법을 배우며 살아가면 이 엄청난 기쁨과 평화를 여러분도 누릴 수 있습니다. 8장에서 말씀드린 저주로부터 해방되는 기도의 초점은 히브리서 3장 1절이 밝히고 있는 진리에 있습니다. 예수님은 "우리의 믿는 도리의 대제사장이신" 것입니다. 이 원리는 주님과 우리 사이의 지속적인 관계에 적용되어야 합니다. 우리는 살아가며 마주치는 모든 상황에서 대제사장이신 예수님이 역사하실 수 있도록 적절한 성경적 고백을 해야 합니다.

인생의 모든 상황에서 우리는 세가지 방법으로 반응할 수 있습니다. 긍정적이고 성경적인 고백을 하거나, 아무런 고백을 하지 않거나, 부정적이고 비성경적인 고백을 하는 것입니다. 우리가 긍정적이고 성경적인 고백을 하면 예수님이 우리를 돕고 우리의 필요를 채워주시기 위해 역사하십니다. 아무런 고백을 하지 않으면 우리는 주변 상황에 이리저리 끌려다니게 되고, 부정적인 고백을 하면 악한 사탄의 세력에 자신을 노출시키게 됩니다.

진정한 믿음으로 하는 성경적 고백과 희망적 생각을 구별하는 것이 중요합니다. 첫째로, 성경적인 의미에서 고백은 성경의 약속과 진술에 제한되어 있습니다. 우리는 그 한계 너머로 갈 수가 없습니다. 둘째로, 고백은 우리가 성경의 약속에 따르는 적절한 조건을 충족시킬 때만 유효합니다. 오직 하나님께 순종하는 것으로 우리의 고백은 효력을 발생한다는 뜻입니다.

셋째로, 고백은 인간의 의지나 정신적 믿음으로 움직이는 편리한 '시스템' 이나 '공식' 으로 축소시킬 수 없습니다. 우리는 하나님을 조종할 수 없습니다. 마음 속의 진정한 믿음은 오직 성령에 의해서만 생겨나게 되며 믿음은 고백한 것을 이루는 힘이 실린 말을 낳습니다. 히브리서 10장 23절 말씀은 우리로 하여금 믿음의 고백을 굳게 지켜나가도록 격려합니다. "또 약속하신 이는 미쁘시니 우리가 믿는 도리의 소망을 움직이지 말고 굳게 잡아."

그러나 믿음의 완전한 승리를 표현하려면 고백을 넘어 그 다음 단계로 가야하는 것이 성경적 개념입니다. 그것이 '선포' 입니다. 선언은 어떤 형태의 저항으로도 침묵시킬 수 없는 강력하고도 자신이 넘치는 믿음의 주장입니다. 그것은 수동적 자세에서 벗어나 적극적인 태도로 전환하는 것을 암시합니다.

저와 루스는 선교 사역을 하면서 매일 자신을 어떻게 보호하는가 라는 질문을 흔히 받습니다. 우리는 혼자서 또는 둘이 함께 하나님 말씀을 큰 목소리로 선포하는 일을 규칙적으로 하고 있습니다. 매일 밤 잠자리에 들기 전에 우리가 선포하는 내용이 다음 페이지에 실려 있습니다. 여러분도 이러한 선포함으로써 응달에서 양지로, 저주에서 벗어나 하나님의 축복을 누리시기를 희망합니다.

하나님의 보호를 확인하는 선언

나를 치려고 제조된 기계가
날카롭지 못할 것이며 무릇 일어나 나를 대적하여
송사하는 혀는 내게 정죄를 당하리니
이는 주님을 섬기는 종으로서 나의 기업이오
만군의 주님이 나를 의롭게 하기 때문이니라.

(이사야서 54장 17절)

나를 헐뜯으며 기도하거나, 나를 핍박하거나, 나를 거부한 사람이 있으면 그들을 용서하노라 (그런 사람을 알고 있으면 이름을 말하십시오). 나를 핍박하는 사람들을 용서하고 그들을 주님의 이름으로 축복하노라(마태복음 5장 43절~45절. 로마서 12장 14절).

나는 이제 오직 주님만이 하나님이심을 선포합니다. 주님 외에 다른 하나님은 없사오며 정의로우신 구세주, 하나님 아버지와 그 아들 예수님과 성령님을 경배합니다.

오늘 새로이 순종하는 자세로 나를 주님께 드립니다. 주님께 나를 드리고 주님의 말씀대로 살겠습니다. 마귀의 유혹을 물리치노라. 나를 해치려는 마귀의 모든 압력과 공격과 속임수를 물리치노라. 마귀에게 굴복하지 않을 것이며, 예수님의 이름으로 내게서 마귀를 쫓아내노라.

모든 질병과 고통의 마귀(특별한 질병이나 악령이 여러분을 괴롭히고 있으면 그 이름을 말하십시오), 그밖의 모든 귀신과 스트레스는 물러갈지어다.

예수님이 십자가에서 희생되심으로써 저로 하여금 저주에서 벗어나 아브라함의 모든 축복을 누리도록 하신 하나님께 감사드립니다. 높은 지위와 건강, 풍요로움과 번성함, 승리와 하나님의 총애, 그리고 하나님과 친밀한 관계를 누리게 하시는 주님께 감사드립니다. 아멘(갈라디아서 3장 13절~14절. 창세기 24장 1절).

지은이에 대하여

데릭 프린스

데릭 프린스 박사는 영국인 부모 아래 인도에서 태어났다. 프린스 박사는 영국의 유명한 이튼 칼리지와 캠브리지 대학교에서 그리스어와 라틴어를 공부한 뒤 1940년부터 1949년까지 캠브리지 대학교 킹스 칼리지의 고대 및 현대 철학교수직을 역임했다. 프린스 박사는 또 캠브리지 대학교와 예루살렘의 히브리대학교에서 히브리어와 아람어를 공부했고, 이외에도 몇가지 현대어를 구사한다.

데릭 프린스 박사는 2차대전 중 영국군의 의무병으로 복무하던 중 예수 그리스도를 만나는 경험을 했고, 이것이 인생의 전환

점이 된다. 프린스 박사는 이 놀라운 경험에 대해 다음과 같이 쓰고 있다.

> "예수님과의 이 만남으로부터 나는 그 이후 결코 의심해본 적이 없는 두가지 결론을 내리게 되었습니디. 첫 번째 결론은 예수 그리스도는 살아계신다는 점이고, 두 번째 결론은 성경은 참되며 현대를 살아가는 우리와 밀접한 관련이 있는 책이라는 점입니다. 이 두가지 결론은 나의 인생행로를 영구히 바꾸어 놓았습니다."

2차대전 말기에 영국군은 프린스 박사의 복무지를 예루살렘으로 옮겼고, 전쟁이 끝난 후에도 프린스 박사는 예루살렘에 계속 머물렀다. 프린스 박사는 첫 번째 부인 리디아와 결혼해서 리디아가 예루살렘에서 입양해 기르던 여덟 명의 소녀를 딸로 갖게 되었다. 프린스 박사와 리디아의 가족들은 1948년 이스라엘의 재건국을 함께 목격했다. 프린스 박사와 리디아는 케냐에서 교육자로 일하던 중 아홉번째 딸로 아프리카 소녀를 입양했다.

1975년 리디아 부인이 별세한 다음 프린스 박사는 두 번째 부인

루스와 1978년 재혼했다. 루스 부인이 데리고 온 세 자녀를 더해 프린스 박사의 직계가족은 12명으로 늘어났고, 그 이후 수많은 손자 손녀와 증손자 증손녀가 태어났다.

프린스 박사의 초교파적인 접근방식으로 인해 인종과 종교적인 배경이 다른 수많은 사람들이 그의 가르침을 받아들일 수 있게 되었다. 프린스 박사는 우리 시대의 가장 뛰어난 성경해설가의 한 사람으로 세계적인 인정을 받고 있다. '데릭 프린스와 함께' 라는 라디오 프로그램은 매일 지구의 반이 넘는 지역에서 방송되고 있다. 이 라디오 프로그램은 아랍어, 5개 중국어(만다린어, 아모이어, 광동어, 상해어, 스와토우어), 몽고어, 스페인어, 러시아어, 통가어로도 번역되어 방송된다. 프린스 박사는 30권이 넘는 책을 출판했고 이 책들은 50여개 외국어로 번역되었다.

데릭 프린스 선교회(Derek Prince Ministries)의 Global Outreach 지도자 프로그램을 통해 프린스 박사의 책과 오디오 카세트는 제3세계, 동유럽, 독립국가연합에서 활동하는 기독교 지도자 수백명에게 무상으로 공급되고 있다.

데릭 프린스 박사는 살아생전 여든 살이 넘도록 전세계를 여행하며 하나님 말씀의 참뜻을 전파했고, 심신의 질병으로 고통 당하는 사람들을 위해 치유 기도를 하고, 현대세계에서 일어나는 사건을 성경 말씀에 비추어 예언적 식견으로 해설해 주었다.

데릭 프린스 선교회의 국제 본부는 미국 노스 캐롤라이나주 샬롯에 있고, 호주, 캐나다, 독일, 네덜란드, 뉴질랜드, 싱가포르, 남아프리카 공화국과 영국에 지부를 두고 있다.

순전한나드 도서목록

번호	도서명	저자	가격
1	존 비비어의 승리<개정판>	존 비비어	13,000
2	교회를 뒤흔드는 악령을 대적하라	프랜시스 프랜지팬	5,000
3	교회를 어지럽히는 험담의 악령을 추방하라	프랜시스 프랜지팬	5,000
4	그리스도인의 삶의 비결<개정판>	진 에드워드	9,000
5	존 비비어의 친밀감<개정판>	존 비비어	16,000
6	내게 신선한 기름을 부으셨나이다	허 철	9,000
7	내어드림<개정판>	프랑소와 페늘롱	7,000
8	더 넓게 더 깊게	메릴린 앤드레스	13,000
9	존 비비어의 축복의 통로<개정판>	존 비비어	8,000
10	부서트리고 무너트리는 기름부으심	바바라 J. 요더	8,000
11	사도적 사역	릭 조이너	12,000
12	사사기	잔느 귀용	7,000
13	상한 마음을 치유하는 기도	마크 & 패티 버클러	15,000
14	상한 영의 치유1	존 & 폴라 샌드포드	17,000
15	상한 영의 치유2	존 & 폴라 샌드포드	12,000
16	여정의 시작	릭 조이너	13,000
17	영광스러운 교회에 보내는 메시지 1	릭 조이너	10,000
18	영분별<개정판>	프랜시스 프랜지팬	4,000
19	영적 전투의 세 영역<개정판>	프랜시스 프랜지팬	13,000
20	예레미야	잔느 귀용	6,000
21	예수 그리스도와의 친밀함	잔느 귀용	10,000
22	예수님을 닮은 삶의 능력<개정판>	프랜시스 프랜지팬	12,000
23	예수님을 향한 열정<개정판>	마이크 비클	12,000
24	잔느 귀용의 요한계시록<개정판>	잔느 귀용	13,000
25	인간의 7가지 갈망하는 마음	마이크 비클 & 데보라 히버트	11,000
26	저주에서 축복으로	데릭 프린스	6,000
27	주님, 내 마음을 열어 주소서	캐티 오츠 & 로버트 폴 램	9,000
28	지구상에서 가장 강력한 기도	피터 호로빈	7,500
29	축사사역과 내적치유의 이해 가이드	존 & 마크 샌드포드	22,000
30	출애굽기	잔느 귀용	10,000
31	하나님과 동행하는 사람들<개정판>	샨 볼츠	9,000
32	하나님과 사람에게 더욱 사랑스러운 자	듀안 벤더 클럭	10,000
33	하나님과의 연합	잔느 귀용	8,000
34	하나님을 연인으로 사랑하는 즐거움	마이크 비클	13,000
35	하나님 마음에 합한 사람	마이크 비클	13,000
36	하나님의 아름다움을 바라보는 축복	허 철	10,000
37	하나님의 요새<개정판>	프랜시스 프랜지팬	9,000
38	하나님의 장군의 일기<개정판>	잔 G. 레이크	6,000
39	항상 배가하는 믿음<개정판>	스미스 위글스워스	16,000
40	혼동으로부터의 자유	릭 조이너	5,000
41	혼의 묶임을 파쇄하라	빌 & 수 뱅크스	10,000

순전한나드 도서목록

번호	도서명	저자	가격
42	존 비비어의 회개<개정판>	존 비비어	11,000
43	금식이 주는 축복	마이크 비클 & 다나 캔들러	12,000
44	부활	벤 R. 피터스	8,000
45	거절의 상처를 치유하시는 하나님	데릭 프린스	7,000
46	존 비비어의 분별력<개정판>	존 비비어	13,000
47	통제 불능의 상황에서도 난 즐겁기만 하다	리사 비비어	12,000
48	어린이와 십대를 위한 축사사역	빌 뱅크스	11,000
49	빛은 어둠 속에 있다	패트리샤 킹	10,000
50	목적으로 나아가는 길	드보라 조이너 존슨	8,000
51	지도자의 넘어짐과 회복	웨이드 굿데일	12,000
52	하나님의 일곱 영	키이스 밀러	13,000
53	너희 지체를 의의 병기로 하나님께 드리라	허 철	8,000
54	세계를 변화시키는 능력	릭 조이너	12,000
55	왕의 자녀의 초자연적인 삶	빌 존슨 & 크리스 밸러턴	13,000
56	믿음으로 산 증인들	허 철	12,000
57	욥기	잔느 귀용	13,000
58	나라를 변화시킨 비전: 윌리엄 테넌트의 영적인 유산	존 한센	8,000
59	세상을 다스리는 권세의 회복	레베카 그린우드	10,000
60	창세기 주석	잔느 귀용	12,000
61	하나님의 강	더치 쉬츠	13,000
62	당신의 운명을 장악하라	알렌 키란	13,000
63	자살	로렌 타운젠드	10,000
64	그리스도인의 영적혁명	패트리샤 킹	11,000
65	초자연적 중보기도	레이첼 힉슨	13,000
66	하나님의 초자연적인 능력	바비 코너	11,000
67	사랑하는 하나님	마이크 비클	15,000
68	일곱 교회 이기는 자에게 주시는 축복	허 철	9,000
69	초자연적 경험의 신비	짐 골 & 줄리아 로렌	13,000
70	폭풍의 전사	마헤쉬 & 보니 차브다	13,000
71	천국 보좌로부터 온 전략	샌디 프리드	11,000
72	영향력	윌리엄 L. 포드 3세	11,000
73	속죄	데릭 프린스	13,000
74	신의 성품에 참예하는 자	허 철	8,000
75	불타오르는 사랑	스티브 해리슨	12,000
76	능력, 성결, 그리고 전도	랜디 클락	13,000
77	종교의 영	토미 펨라이트	11,000
78	예기치 못한 사랑	스티브 J. 힐	10,000
79	모르드개의 통곡	로버트 스턴스	13,500
80	1세기 교회사	릭 조이너	12,000
81	예수님의 얼굴<개정판>	데이비드 E. 테일러	13,000
82	토기장이 하나님	마크 핸비	8,000

번호	도서명	저자	가격
83	존중의 문화<개정판>	대니 실크	13,000
84	제발 좀 성장하라!	데이비드 레이븐힐	11,000
85	정치의 영	파이살 말릭	12,000
86	이기는 자의 기름부으심	바바라 J. 요더	12,000
87	치유 사역 훈련 지침서	랜디 클락	12,000
88	헤븐	데이비드 E. 테일러	13,000
89	더 크라이	키스 허드슨	11,000
90	천국 여행	리타 베넷	14,000
91	파수 기도의 숨은 능력	마헤쉬 & 보니 차브다	13,000
92	지저스 컬처	배닝 립스처	12,000
93	넘치는 기름부음	허 철	10,000
94	거룩한 대면	그래함 쿡	23,000
95	믿음을 넘어선 기적	데이브 헤스	10,000
96	영적 전쟁의 일곱 영	제임스 A. 더함	17,000
97	영적 전쟁의 승리	제임스 A. 더함	13,000
98	기적의 방을 만들라	마헤쉬 & 보니 차브다	12,000
99	개인적 예언자	미키 로빈슨	13,000
100	어둠의 영을 축사하라	짐 골	13,000
101	보좌를 향하여	폴 빌하이머	10,000
102	적그리스도의 영을 정복하라	샌디 프리드	13,000
103	성령님 알기	마헤쉬 & 보니 차브다	12,000
104	십자가의 권능	마헤쉬 & 보니 차브다	13,000
105	축복의 능력	케리 커크우드	15,000
106	하나님의 호흡	래리 랜돌프	11,000
107	아름다운 상처	룩 홀터	11,000
108	하나님의 길	덕 애디슨	13,000
109	천국 체험	주디 프랭클린 & 베니 존슨	12,000
110	당신의 사명을 깨우라	M. K. 코미	11,000
111	기독교의 유혹	질 섀넌	25,000
112	우리가 몰랐던 천국의 자녀양육법	대니 실크	12,000
113	임재의 능력	매트 소거	12,000
114	예수의 책	마이클 코울리아노스	13,000
115	신앙의 기초 세우기	래리 크레이더	13,000
116	내 인생을 바꿔 줄 최고의 여행	제이 스튜어트	12,000
117	거룩한 흐름 분위기	조슈아 밀즈	10,000
118	하이디 베이커의 사랑	하이디 & 롤랜드 베이커	13,000
119	하나님의 임재	빌 존슨	13,000
120	초자연적 기름부음	줄리아 로렌	12,000
121	하나님의 갈망	제임스 A. 더함	14,000
122	형통의 문을 여는 31가지 선포기도	케빈 & 캐티 바스코니	6,000
123	임박한 하나님의 때	R. 로렌 샌드포드	13,000

번호	도서명	저자	가격
124	하나님을 향한 울부짖음	바바라 J. 요더	12,000
125	춤추는 하나님의 손	제임스 말로니	37,000
126	참소자를 잠잠케 하라	샌디 프리드	13,000
127	영광이란 무엇인가?	폴 맨워링	14,000
128	내일의 기름부음	R. T. 켄달	13,000
129	영적 전투를 위한 전신갑주	크리스 밸러턴	12,000
130	성령을 소멸치 않는 삶	R. T. 켄달	13,000
131	초자연적인 삶	아담 F. 톰슨	10,000
132	한계를 돌파하라	샌디 프리드	13,000
133	구약에서 일어난 모든 일들	윌리엄 H. 마티	13,000
134	신약에서 일어난 모든 일들	윌리엄 H. 마티	11,000
135	드보라 군대	제인 해몬	14,000
136	거룩한 불	R. T. 켄달	13,000
137	당신의 자녀를 향한 하나님의 65가지 약속	마이크 슈리브	8,000
138	무슬림 소녀, 예수님을 만나다	사마 하비브 & 보디 타이니	13,000
139	스미스 위글스워스의 병 고침<개정판>	스미스 위글스워스	12,000
140	뇌의 스위치를 켜라	캐롤라인 리프	15,000
141	약속된 시간	제임스 A. 더함	13,000
142	실패를 딛고 일어서는 믿음	샌디 프리드	12,000
143	스미스 위글스워스의 성령의 은사<개정판>	스미스 위글스워스	13,000
144	끝날 때까지 끝난 것이 아니다	R. T. 켄달	15,000
145	완전한 기억	마이클 A. 댄포스	10,000
146	금촛대 중보자들 1	제임스 말로니	15,000
147	금촛대 중보자들 2	제임스 말로니	13,000
148	금촛대 중보자들 3	제임스 말로니	13,000
149	마지막 때와 이슬람	조엘 리차드슨	15,000
150	질투	R. T. 켄달	14,000
151	사탄의 전략	페리 스톤	14,000
152	죽음에서 생명으로	라인하르트 본케	12,000
153	올바른 생각의 힘	케리 커크우드	12,000
154	악의 삼겹줄을 파쇄하라<개정판>	샌디 프리드	12,000
155	지옥의 실체와 하나님의 열쇠	메리 캐서린 백스터	12,000
156	문지기들이여 일어나라	제임스 A. 더함	15,000
157	안식년의 비밀	조나단 칸	15,000
158	하나님의 시간표	마크 빌츠	12,000
159	예루살렘의 평화를 위해 기도하라	탐 헤스	13,000
160	유대적 관점으로 본 룻기	다이앤 A. 맥닐	15,000
161	폭풍을 향해 노래하라	디모데 D. 존슨	13,000
162	영광의 세대	브루스 D. 알렌	15,000
163	하나님을 홀로 두지 말라	행크 쿠네만	14,000
164	하나님이 디자인하신 완전한 나	캐롤라인 리프	20,000

번호	도서명	저자	가격
165	대적의 문을 취하라<개정증보판>	신디 제이콥스	15,000
166	R. T. 켄달의 임재	R. T. 켄달	13,000
167	영성가의 기도	찰리 샴프	10,000
168	과거로부터의 자유<개정판>	존 로렌 & 폴라 샌드포드	14,000
169	하나님의 불	제임스 A. 더함	15,000
170	일상에 임한 하나님의 영광	브루스 D. 알렌	14,000
171	일곱 산에 관한 예언<개정판>	조니 엔로우	15,000
172	마지막 시대 마지막 주자	타드 스미스	13,000
173	주의 선하신 치유 능력	크리스 고어	13,000
174	건강한 생활 핸드북	로라 해리스 스미스	15,000
175	더 높은 부르심	제임스 말로니	12,000
176	레위기, 민수기, 신명기<개정판>	잔느 귀용	14,000
177	당신도 예언할 수 있다<개정판>	스티브 탐슨	14,000
178	생각하고 배우고 성공하라	캐롤라인 리프	15,000
179	기적을 풀어내는 예언적 파노라마	제임스 말로니	13,000
180	케빈 제다이의 초자연적 재정	케빈 제다이	14,000
181	적그리스도와 마지막 때 분별하기	마크 빌츠	13,000
182	마음을 견고히 하라	빌 존슨	9,000
183	천국으로부터 받아 누리기	케빈 제다이	13,000
184	모든 것이 당신에게 유리하게 되어 있다	케빈 제다이	15,000
185	징조 II	조나단 칸	18,000
186	데릭 프린스의 교만과 겸손	데릭 프린스	10,000
187	유다의 사자	랍비 커트 A. 슈나이더	15,000
188	원뉴맨 성경(신약편)	윌리엄 J. 모포드 역	50,000
189	하나님의 임재 안으로 들어가기	데릭 프린스	11,000
190	원띵	샘 스톰스	15,000
191	천사들과 동역하는 삶	케빈 제다이	15,000
192	뇌의 스위치를 켜라 365	캐롤라인 리프	22,000
193	말씀으로 꿈을 해석하는 법	아담 F. 톰슨 & 아드리안 비일	37,000
194	능력의 문	조슈아 밀즈	17,000
195	데릭 프린스의 믿음의 능력	데릭 프린스	13,000
196	하나님의 인질	앤드류 브런슨	17,000
197	천국 화폐의 축복을 취하라	케리 커크우드	14,000
198	기름 부음의 비밀	베니 힌	15,000
199	창조적 영광	조슈아 밀즈	19,000
200	하나님을 보는 마음	프랜시스 프랜지팬	13,000
201	성령님	빌 존슨	16,000
202	초자연적 그리스도인	대런 스토트	17,000
203	빛의 전사들	조슈아 밀즈	20,000
204	이미 완성된 기적	크리스 고어	16,000

순전한 나드
www.purenard.co.kr